Chouette CE1

7-8 ANS

Dictées

Sophie Valle

Enseignante

Écris ton prénom.

....

Hatier

Ton tableau de bord

Reporte la date à laquelle tu as fini chaque page d'exercices ou dictée.

	CONJUGAISON		DATE	ORTHOGRAPHE		DATE
1	Le présent de l'indicatif du verbe **avoir** (1)	p. 8	....	**a** ou **à**	p. 8	....
2	Le présent de l'indicatif du verbe **être** (1)	p. 10	....	La dernière lettre d'un mot	p. 10	....
3	Le présent de l'indicatif des verbes du **1er groupe**	p. 12	....	La ponctuation	p. 12	....
4	Le présent de l'indicatif du verbe **aller**	p. 14	....	**g**, **gu** ou **ge**	p. 14	....
5	Le présent de l'indicatif du verbe **danser**	p. 20	....	Le pluriel des noms	p. 20	....
6	Le présent de l'indicatif du verbe **venir**	p. 22	....	Le pluriel des noms en **-eau** et **-al**	p. 22	....
7	Le présent de l'indicatif du verbe **être** (2)	p. 24	....	Le **h** muet	p. 24	....
8	Le présent de l'indicatif du verbe **avoir** (2)	p. 26	....	La lettre **x**	p. 26	....
9	Le présent et l'imparfait de l'indicatif du verbe **être**	p. 32	....	**est** ou **et**	p. 32	....
10	Le présent et l'imparfait de l'indicatif du verbe **marcher**	p. 34	....	L'accord de l'adjectif (1)	p. 34	....
11	Le présent et l'imparfait de l'indicatif du verbe **ouvrir**	p. 36	....	L'accord de l'adjectif (2)	p. 36	....
12	Le présent et l'imparfait de l'indicatif du verbe **manger**	p. 38	....	L'accord de l'adjectif (3)	p. 38	....
13	Le passé composé du verbe **avoir**	p. 44	....	**m** devant **m**, **b** et **p** (1)	p. 44	....
14	Le passé composé du verbe **être**	p. 46	....	Les mots en **-ier**	p. 46	....
15	Le passé composé employé avec **avoir**	p. 48	....	**m** devant **m**, **b** et **p** (2)	p. 48	....
16	Le passé composé employé avec **être**	p. 50	....	**son** ou **sont**	p. 50	....
17	Le futur des verbes **être** et **avoir**	p. 56	....	Le son **« ill »**	p. 56	....
18	Le présent de l'indicatif et le futur des verbes **prendre** et **faire**	p. 58	....	Les sons **« aill »** et **« euill »**	p. 58	....
19	Le futur des verbes **donner** et **fabriquer**	p. 60	....	Les mots invariables	p. 60	....

© Hatier, 8 rue d'Assas, 75006 Paris • 2019 • ISBN : 978-2-401-05031-0
Conception graphique : Frédéric Jély • Édition : Imaginemos • Mise en page : STDI
• Illustrations : Karen Laborie • Chouettes : Adrien Siroy.

Achevé d'imprimer par l'Imprimerie
de Champagne à Langres — France
Dépôt légal : 05031-0/01 — Novembre 2018

IMPRIM'VERT

PAPIER À BASE DE FIBRES CERTIFIÉES

Hatier s'engage pour l'environnement en réduisant l'empreinte carbone de ses livres. Celle de cet exemplaire est de : 250 g éq. CO_2
Rendez-vous sur www.hatier-durable.fr

DICTÉES PRÉPARÉES

DICTÉES NON PRÉPARÉES

« Chouette bilan » : rendez-vous sur le site www.hatier-entrainement.com pour faire le bilan de tes connaissances en orthographe !

TEST

Avant de commencer les exercices et les dictées de ton cahier, réponds à ces questions. Puis consulte le tableau p. 6 pour découvrir les résultats de ton test d'orthographe !

1. L'alphabet compte **6 voyelles** et **20 consonnes**.
   VRAI ☐ FAUX ☐

2. Dans le mot **loup**, on entend le **p**.
   VRAI ☐ FAUX ☐

3. On entend la dernière lettre du mot **coq**.
   VRAI ☐ FAUX ☐

4. Dans le mot **grand**, on entend le **d**.
   VRAI ☐ FAUX ☐

5. **g** se prononce **« j »** dans **girafe**, **singe**.
   VRAI ☐ FAUX ☐

6. **g** se prononce **« j »** dans **guerre**, **guirlande**.
   VRAI ☐ FAUX ☐

7. **h** est une lettre qui ne s'entend pas.
   VRAI ☐ FAUX ☐

8. Le son **« in »** peut s'écrire **im**, **ain**, **aim** ou **ein**.
   VRAI ☐ FAUX ☐

9. **« eau »**, **« au »**, **« oh »** : on entend le même son.
   VRAI ☐ FAUX ☐

10. **« on »** et **« ou »** : on entend le même son.
    VRAI ☐ FAUX ☐

11. **« ille »** et **« euille »** : on entend le même son.
    VRAI ☐ FAUX ☐

12. **« ien »** et **« ieu »** : on entend le même son.
    VRAI ☐ FAUX ☐

13. **« eu »** et **« œu »** : ce n'est pas le même son.
    VRAI ☐ FAUX ☐

14. **à**, **è**, **ù** : les voyelles ont parfois des accents.
    VRAI ☐ FAUX ☐

15. **Je suis là.** C'est une phrase.
    VRAI ☐ FAUX ☐

16. On met une **majuscule** à tous les noms.
    VRAI ☐ FAUX ☐

17. On met une **majuscule** aux prénoms.
    VRAI ☐ FAUX ☐

18. Une phrase commence par une **majuscule**.
    VRAI ☐ FAUX ☐

19. **Robe** est un nom propre.
    VRAI ☐ FAUX ☐

20. Avant un nom, il y a **le**, **la**, **les**...
    VRAI ☐ FAUX ☐

21. **Les**, **des**, **ses**, **ces**... indiquent un pluriel.
    VRAI ☐ FAUX ☐

22. **Le lion** : au pluriel, ce nom se termine par la lettre **x**.
    VRAI ☐ FAUX ☐

23. **Le crocodile** : ce nom est au pluriel.
    VRAI ☐ FAUX ☐

24. **Les crocodiles** : ce nom est au singulier.
    VRAI ☐ FAUX ☐

25 **Hibou** : au pluriel, ce nom se termine par la lettre **x**.
VRAI ☐ FAUX ☐

26 Au pluriel, les noms se terminent toujours par la lettre **s**.
VRAI ☐ FAUX ☐

27 **Chapeau** : les noms finissant par **-eau** se terminent par la lettre **x** au pluriel.
VRAI ☐ FAUX ☐

28 **Rouge** est un adjectif.
VRAI ☐ FAUX ☐

29 **Belle** : cet adjectif est au masculin.
VRAI ☐ FAUX ☐

30 **Gentil** : cet adjectif est au féminin.
VRAI ☐ FAUX ☐

31 **Des enfants tristes** : ces mots s'accordent en genre et en nombre.
VRAI ☐ FAUX ☐

32 **Alors**, **mais** se terminent toujours par la lettre **s**.
VRAI ☐ FAUX ☐

33 **Encore**, **déjà** se terminent parfois par la lettre **s**.
VRAI ☐ FAUX ☐

34 **Je chante**, **tu chantes** : un verbe se conjugue.
VRAI ☐ FAUX ☐

35 **Je**, **tu**, **il** sont des verbes.
VRAI ☐ FAUX ☐

36 **Nous**, **vous** ne sont pas des noms.
VRAI ☐ FAUX ☐

37 **Chanter**, **regarder** sont des verbes.
VRAI ☐ FAUX ☐

38 **Chanter** : c'est un verbe à l'infinitif.
VRAI ☐ FAUX ☐

39 **Je suis venu** : le verbe est au présent.
VRAI ☐ FAUX ☐

40 **Je danse** : le verbe est au présent.
VRAI ☐ FAUX ☐

41 **Il venait** : le verbe est au passé composé.
VRAI ☐ FAUX ☐

42 **Je vais** : c'est le verbe **avoir** au présent.
VRAI ☐ FAUX ☐

43 **Il chante** : c'est la 3e personne du singulier.
VRAI ☐ FAUX ☐

44 **Ils** est le singulier de **il**.
VRAI ☐ FAUX ☐

45 **« Chanter »** ou **« chanté »** : on entend les mêmes sons.
VRAI ☐ FAUX ☐

46 **Je chanterai** : le verbe est au futur.
VRAI ☐ FAUX ☐

47 **Il a joué** : **a** peut se remplacer par **avait**.
VRAI ☐ FAUX ☐

48 **Il va à la piscine** : on peut remplacer **à** par **avait**.
VRAI ☐ FAUX ☐

49 **Son livre est ouvert** : **son** est un verbe.
VRAI ☐ FAUX ☐

50 **On se promène** : on peut remplacer **on** par **il**.
VRAI ☐ FAUX ☐

Résultats du test p. 6 →

Résultats du TEST

Si ta réponse est bonne, coche la case située à côté.

1	VRAI	❑	11	FAUX	❑	21	VRAI	❑	31	VRAI	❑	41	FAUX	❑
2	FAUX	❑	12	FAUX	❑	22	FAUX	❑	32	VRAI	❑	42	FAUX	❑
3	VRAI	❑	13	FAUX	❑	23	FAUX	❑	33	FAUX	❑	43	VRAI	❑
4	FAUX	❑	14	VRAI	❑	24	FAUX	❑	34	VRAI	❑	44	FAUX	❑
5	VRAI	❑	15	VRAI	❑	25	VRAI	❑	35	FAUX	❑	45	VRAI	❑
6	FAUX	❑	16	FAUX	❑	26	FAUX	❑	36	VRAI	❑	46	VRAI	❑
7	VRAI	❑	17	VRAI	❑	27	VRAI	❑	37	VRAI	❑	47	VRAI	❑
8	VRAI	❑	18	VRAI	❑	28	VRAI	❑	38	VRAI	❑	48	FAUX	❑
9	VRAI	❑	19	FAUX	❑	29	FAUX	❑	39	FAUX	❑	49	FAUX	❑
10	FAUX	❑	20	VRAI	❑	30	FAUX	❑	40	VRAI	❑	50	VRAI	❑

Si tu as entre 40 et 50 bonnes réponses

Bravo ! C'est très bien. Et tu vas apprendre encore plus avec ce cahier ! Quand tu auras fait les exercices et la dictée préparée, tu pourras demander à un adulte de te dicter les dictées non préparées situées en bas de chaque double page pour progresser davantage.

Si tu as entre 25 et 39 bonnes réponses

C'est bien ! Les exercices et les dictées préparées proposés dans ce cahier vont te permettre de réviser quelques notions d'orthographe, de grammaire ou de conjugaison que tu avais peut-être oubliées… Aide-toi du sommaire des pages 2 et 3 pour approfondir ces chapitres en priorité.

Si tu as entre 1 et 24 bonnes réponses

Ce cahier va être très utile pour t'aider à préparer les dictées proposées. Lis chaque fois attentivement les encadrés leçons. Ensuite seulement tu pourras faire les exercices de préparation, puis la dictée préparée. N'oublie pas de te reporter aux pages Mémo à la fin de l'ouvrage.

Sur le site **www.hatier-entrainement.com**, tu trouveras aussi des dictées enregistrées pour t'entrainer.

Présentation

Ce cahier aidera votre enfant à consolider ses acquis et à s'évaluer en **orthographe** durant son année de **CE1**. En effet, il ne suffit pas d'apprendre ses leçons : il faut aussi pratiquer et s'entrainer.

- Chaque chapitre comporte 2 pages.
- Les exercices et les dictées reprennent de façon systématique toutes les notions abordées en classe.
- Ils assurent ainsi, par une mise en application répétée de la règle, une parfaite acquisition des connaissances et des savoir-faire attendus.

TEST

■ Avant de commencer les exercices du cahier, votre enfant peut faire le **test d'orthographe** pages 4 et 5 pour évaluer son niveau. En fonction de ses résultats (page 6), et en consultant ensuite le sommaire des pages 2-3, vous pourrez facilement repérer les notions à réviser en priorité. Cependant, il lui est également possible de travailler les chapitres dans l'ordre où ils sont proposés.

CONSEILS PARENTS
Avant de dicter le texte à votre enfant, lisez-le à haute voix en vous arrêtant pour lui poser des questions. Dictez-lui aussi la ponctuation et les majuscules.

■ Pour chaque chapitre, à titre de préparation de la dictée, la rubrique **JE COMPRENDS** propose à votre enfant une **leçon** de **conjugaison** et d'**orthographe d'usage**, suivie d'**exemples.** Très souvent, un **CONSEIL PARENTS** vous donnera une information pour vous aider à accompagner votre enfant dans son apprentissage de l'orthographe : cela peut être un conseil pratique, ou des exemples à prendre dans la vie quotidienne…

■ Les **exercices** ont pour objectif de préparer la dictée et d'optimiser l'assimilation des connaissances. Une petite **ASTUCE** , sur fond bleu, donne régulièrement à votre enfant un coup de pouce pour l'aider à résoudre un exercice.

N'oublie pas :
on écrit **est** quand on peut le remplacer par **était**.

■ Chaque leçon propose également une **dictée préparée** et une **dictée non préparée.** Vous pourrez lire le texte en entier à votre enfant, puis le reprendre phrase par phrase, en lui laissant le temps d'écrire chaque phrase dictée, avant une relecture finale. Si la dictée est notée sur 10, on ôtera 2 points par faute de conjugaison ou d'accord (singulier/pluriel), 1 point par faute d'orthographe d'usage (sons mal orthographiés, lettres oubliées…). Si votre enfant a fait plus de 5 fautes, demandez-lui de recopier la dictée.

■ Au centre du cahier, les **corrigés détachables** permettent la vérification des acquis et l'évaluation des résultats par votre enfant, seul ou aidé d'un adulte.

■ Sur les dernières pages de ce cahier, votre enfant trouvera un **Mémo**, avec les conjugaisons des verbes qu'il doit impérativement connaitre, ainsi qu'une liste de mots à réviser.

■ Votre enfant pourra s'entrainer encore davantage grâce à des exercices supplémentaires et gratuits, ainsi que des dictées enregistrées, proposés sur le site www.hatier-entrainement.com.

■ Dans ce cahier, certains mots sont écrits selon les prérogatives du Ministère de l'Éducation nationale, recommandant d'appliquer la nouvelle orthographe. Par exemple, le mot « goûter » devra dorénavant s'écrire « gouter » ou encore le mot composé « des après-midi » s'écrira « des après-midis ». Dans le livret des corrigés, nous proposerons donc l'ancienne orthographe entre parenthèses juste derrière la nouvelle pour que vous puissiez mieux accompagner votre enfant dans cette démarche de simplification.

DICTÉE

1 Préparation à la dictée

JE COMPRENDS

▸ **Le présent de l'indicatif du verbe avoir (1)** J'ai un vélo.

j'**ai**	tu **as**	il **a**	elle **a**

Recopie cette conjugaison plusieurs fois.

▸ **a ou à**

Ne confonds pas :

– **a** (**sans accent**), verbe **avoir** :

Il **a** une voiture.

– **à** (**avec accent**), préposition :

Il va **à** la maison.

CONSEILS PARENTS

Lisez avec votre enfant la conjugaison, en insistant sur : tu as, avec un s mais il a (sans s). Donnez des exemples avec a, sans accent (Il a un chien) et à, avec accent (Je vais à l'école).

1 Le verbe avoir au présent de l'indicatif.
Complète avec le verbe avoir au présent de l'indicatif.

Lui, il .... un nouvel ordinateur. Moi, j'............ des jeux. Si tu veux, allons chez toi : tu .... une grande chambre, tu .... même une console à toi : nous jouerons ! Après, si tu .... le temps, nous irons nous promener.

2 a ou à ?
Complète avec à ou a.

- Elle .... un petit frère. • Je vais .... la poste.
- Nous arriverons .... cinq heures. • Le chat .... peur.
- Le bébé .... faim. • Elles jouent .... chat perché.
- Il .... froid. • Viens .... la maison !

Tu retrouveras tous ces mots difficiles dans la dictée préparée p. 9.

3 Les mots difficiles.
Complète avec les mots suivants : ours – doux – rien – langue – parce qu'.

– Maman ! Maman ! Il m'a tiré la .... ! Il me fait des grimaces, mais moi, je ne lui ai .... fait !

– Il n'est pas méchant, voyons ! C'est seulement .... il est en colère. Tiens, voilà ton .... : lui, il ne fait pas de grimaces ; il est .... et très gentil.

DICTÉE PRÉPARÉE Mon ours

– J'ai un ours, un gros ours. Il a le poil doux, une petite langue rose. Il a aussi un nom : Doudou.
– Tu as de la chance, toi, d'avoir un ours. Moi, je n'ai rien !

4 **Le verbe avoir au présent de l'indicatif.**
Réponds, comme dans l'exemple :
Tu as un ours ? ➜ Oui, j'ai un ours.

- Tu as un frère ? – Oui, j'..
- Tu as un chat ? – Oui, j'..
- Tu as un ami ? – Oui, j'..
- Tu as une petite maison ? – Oui, j'..

Pose une question, comme dans l'exemple :
J'ai un frère ➜ As-tu un frère ?

- J'ai un ours. – ....
- J'ai une maison. – ....
- J'ai un jardin. – ....
- J'ai de la chance. – ....

5 **a, as ou à ? Cherche dans les deux dictées de cette page les phrases où l'on trouve a, as ou à et recopie-les.**

....

....

....

....

Et maintenant, fais-toi dicter le texte ci-dessous.

DICTÉE NON PRÉPARÉE Et toi ?

– Moi, j'ai un chat noir et un chat blanc. J'ai une tortue et j'ai aussi un lapin. Et toi ? Tu as un chien ? Tu as un coq dans ta cour ?
– Ton pauvre ami, il n'a même pas de maison à lui !

CONSEILS PARENTS
Avant de dicter le texte à votre enfant, lisez-le à haute voix en vous arrêtant pour lui poser des questions. Demandez-lui par exemple comment il écrit : j'ai, gros, chance.
Après la dictée, soulignez ses fautes, mais surtout félicitez votre enfant pour tous les mots bien écrits !

Pour indiquer une question, n'oublie pas le **point d'interrogation** à la fin de la phrase.

Attention ! On entend « a », mais on peut l'écrire de plusieurs manières : **a**, **as**, **à** et même **ah !**

Dans la dictée non préparée, tu vas retrouver les formes du verbe **avoir** étudiées dans cette leçon : **j'ai**, **tu as**, **il a**.

Corrigés p. 2

DICTÉE 2

Préparation à la dictée

JE COMPRENDS

▸ Le présent de l'indicatif du verbe être (1) Je suis là !

je **suis** tu **es** il **est** elle **est**

Recopie cette conjugaison plusieurs fois.

▸ La dernière lettre d'un mot

Parfois, on entend la **dernière lettre** du mot à écrire :

le co**q** – la cit**é** – parti**r** – che**r**

Attention ! Dans certains mots, la **lettre finale** est **muette** :

le lou**p** (**p** *ne s'entend pas*) – dou**x** (**x** *ne s'entend pas*)

CONSEILS PARENTS

Lisez avec votre enfant la conjugaison, en insistant sur : il est avec un t mais tu es sans t. Donnez-lui des exemples : Il est gentil. Tu es courageux.

1 Le verbe être au présent de l'indicatif.

Complète ces phrases en conjuguant le verbe être au présent de l'indicatif.

- Le mouton .... dans le pré.
- Tu .... toujours contente.
- Je .... arrivée là.
- Il .... très maigre.

2 La dernière lettre d'un mot.

Complète avec le masculin des adjectifs, comme dans l'exemple :
une grosse dame → un gros monsieur.

- une grande boite → un .... coffre
- une chatte noire → un chat ....
- Elle est petite. → Il est ....

3 Les mots difficiles.

Complète avec les mots suivants : loup – nez – coq – où – sûr – à.

- Ce chien a des oreilles si pointues, des dents si longues, un .... si fin qu'il ressemble à un ....
- Dans la basse-cour de la ferme, il y a un .... et, tous les matins, ... cinq heures, il chante « Cocorico ! ».
- « Caroline, ... es-tu ? demande papa. Je suis .... que tu t'es, encore une fois, cachée dans le placard. »

Lis toute la phrase avant de choisir le mot qui la complétera. Dans la liste des mots, barre au crayon le mot que tu viens d'écrire.

DICTÉE PRÉPARÉE Le loup

Le loup est dans la cour. C'est un grand loup avec un nez noir. Il est très maigre. Je suis sûr qu'il cherche à manger notre coq !
– Maman, où es-tu ? crie Martin.

CONSEILS PARENTS

Avant de dicter le texte à votre enfant, lisez-le à haute voix en vous arrêtant pour lui poser des questions. Demandez-lui par exemple comment il écrit C'est, je suis sûr, à manger. *Dictez-lui aussi la ponctuation et les majuscules.*

4 La dernière lettre d'un mot.
Lis chaque mot ou groupe de mots à haute voix et regarde la dernière lettre. Souligne-la en bleu si elle s'entend, en rouge si elle ne s'entend pas.

- noir • coq • grand • doux • tu es • sûr • elle est • avec • petit
- le chat • le nom • la maison

Attention ! Parfois, toutes les lettres d'un mot s'entendent, comme dans le mot **« avec »** par exemple. Mais ce n'est pas toujours le cas.

5 Le verbe être au présent de l'indicatif.
Complète avec le verbe être au présent de l'indicatif.

– Ton frère ? Je me demande où il .... ! On .... sans cesse obligé de le chercher ! Toi, au moins, tu .... sage ! On sait toujours où tu ....
À propos, si tu veux jouer avec Marie, tu peux aller jusqu'au jardin : je .... sure qu'elle .... sur la balançoire !

6 L'alphabet.
Entoure les trois mots qui commencent par la lettre a.

avion bille ballon enfant
trésor auto
vélo abeille

Et maintenant, fais-toi dicter le texte ci-dessous.

DICTÉE NON PRÉPARÉE Qui est-il ?

Il est doux et gentil. Il ne pleure pas, il ne crie pas. Il est parfois blanc, parfois gris. Le mien est brun. Quand je rentre de l'école, je suis contente de le retrouver. Qui ? Mon ours préféré !

CONSEILS PARENTS

Chaque petit texte raconte une histoire : ici, laquelle ? Posez des questions à votre enfant pour vous assurer qu'il a bien compris l'idée principale du texte.

Corrigés p. 2

DICTÉE

3 Préparation à la dictée

JE COMPRENDS

Le présent de l'indicatif des verbes du 1er groupe

Tu joues avec moi ?

CHANTER	DANSER	JOUER
je chant**e**	je dans**e**	je jou**e**
tu chant**es**	tu dans**es**	tu jou**es**
il chant**e**	il dans**e**	il jou**e**
elle chant**e**	elle dans**e**	elle jou**e**

Recopie cette conjugaison plusieurs fois.

La ponctuation

Après une **question**, il faut mettre un **point d'interrogation** (**?**).

Pourquoi ne viens-tu pas **?** Qu'est-ce que c'est **?**

CONSEILS PARENTS

Observez avec votre enfant ces trois verbes du ***1er groupe****. Ils ont deux parties : la première ne change pas (chant-, dans-, jou-). La seconde varie, c'est la* ***terminaison****.*

1 Les verbes du 1er groupe au présent de l'indicatif.
Écris la terminaison qui convient.

- Il dans............ .
- Tu demand............ .
- Je parl............ .
- Elle chang............ .
- Tu march............ .
- Je mang............ .

Vérifie la **terminaison** du verbe dans le tableau de l'encadré leçon.

2 La ponctuation.
Ajoute un point ou un point d'interrogation.

- Es-tu prêt ....
- Pourquoi pas ....
- Est-ce possible ....
- Voilà une bonne idée ....
- Quand arrives-tu ....
- Je ne viens pas ....

3 Les mots difficiles.
Complète avec les mots suivants : pourquoi – mais – maison – frère – chat.

J'habite dans une grande .... entourée d'arbres. Ma chambre est à côté de celle de mon .... La nuit, mon chien dort dehors, dans une niche, et mon petit .... dans un panier, près de mon lit ; .... ce soir, où est-il ? Il n'est pas rentré et je me demande .... il n'est pas là.

DICTÉE PRÉPARÉE Pourquoi ?

– Je chante. Mais toi, tu ne chantes pas. Pourquoi ?
Je cherche ma maman à la sortie de l'école. Toi, non. Pourquoi ?
À la maison, je retrouve mon frère et mon chat. Toi, personne. Pourquoi ?

CONSEILS PARENTS
Avant de dicter le texte à votre enfant, lisez-le à haute voix en vous arrêtant pour lui poser des questions. Demandez-lui par exemple comment il écrit : **sortie, école, personne**, *ou comment se terminent les verbes.*

4 Les verbes du 1er groupe au présent.
Complète les phrases, comme dans l'exemple : Mais lui, il ne chante pas.

- Mais moi, ...
- Mais elle, ...
- Mais toi, ...

5 Les verbes du 1er groupe au présent.
Transforme ces phrases en questions, comme dans l'exemple :
Elle chante. ➜ Pourquoi chante-t-elle ?

- Tu cherches ta maman. → ....
- Elle reste là. → ....
- Il regarde son chat. → ....
- Il joue dans la cour. → ....
- Il cache son ballon. → ....

Transforme ces phrases, comme dans l'exemple :
Je marche. ➜ Non, je ne marche pas.

- Elle chante. → Non, ...
- Tu aimes jouer. → ....
- Tu regardes la télévision. → ....
- Elle parle fort. → ....

Et maintenant, fais-toi dicter le texte ci-dessous.

DICTÉE NON PRÉPARÉE On joue

J'aime bien les fêtes. On danse, on chante, on joue. On monte sur la grande roue qui tourne. On écoute de la musique. Mon frère, lui, préfère jouer avec ses jeux vidéo.
– Tu restes à la maison ? Alors, au revoir !

Dans une dictée, n'oublie pas d'écrire une **majuscule** au début de chaque phrase !

Corrigés p. 2

Préparation à la dictée

JE COMPRENDS

▸ **Le présent de l'indicatif du verbe aller** Je vais à l'école.

je **vais**	tu **vas**	il (elle) **va**
nous **allons**	vous **allez**	ils (elles) **vont**

▸ **g, gu ou ge**

On écrit **g** avant **a**, **o**, **u** la **ga**re – la **go**mme

mais **gu** avant **e**, **i**. la **gue**rre – la **gui**tare

Attention ! Devant **i** et **e**, **g** se prononce **« je »**. la **gi**rafe – le **ge**nou

CONSEILS PARENTS

Lisez avec votre enfant la conjugaison du verbe aller. *Donnez-lui des exemples : Oui, je vais à la piscine. Il va chez son ami. Faites-lui prononcer à haute voix les sons « ge » et « gi ».*

1 Le verbe aller.
Complète avec le verbe aller conjugué au présent de l'indicatif.

Le samedi après-midi et le dimanche, nous n'.................. pas à l'école.

– Toi, que fais-tu, Alice ? Où ....-tu te promener le dimanche ?

– Moi, dit Alice, je reste à la maison. Je .... au salon avec papa pour écouter de la musique. Mon frère, lui, ... tout seul au cinéma.

2 est ou et ?
Complète avec est ou et.

- J'ai des bottes .... un chapeau.
- Elle .... toute petite.
- Ce chat .... gentil.
- Tu mets des gants .... une écharpe.

N'oublie pas, on écrit **est** (e/s/t) quand on peut le remplacer par **était**.

3 Les mots difficiles.
Complète avec les mots suivants :
chapeau – eau – moineau – chemin – moulin – pluie.

Aujourd'hui, il pleut. Mais j'aime bien me promener sous la .... : je prends un parapluie, je mets un grand .... sur ma tête et je m'en vais sur le .... qui mène à la fontaine et au .... L'..................... et le vent vont casser la tige des fleurs, mais cela n'empêchera pas le .... de chanter bientôt !

DICTÉE PRÉPARÉE **Sous la pluie**

Je vais souvent me promener sous la pluie avec des bottes et un chapeau de pluie. Je regarde l'eau du chemin : elle va jusqu'au moulin.
– Mais toi, pauvre moineau, où vas-tu ?

CONSEILS PARENTS
Avant de dicter le texte à votre enfant, lisez-le à haute voix en vous arrêtant pour lui poser des questions. Demandez-lui par exemple comment il écrit : je vais, me promener, où vas-tu.

4 **Le verbe aller au présent de l'indicatif.**
Écris ces phrases en utilisant le pronom indiqué.

- Je vais souvent me promener. → Ils ....
- Elle va jusqu'au moulin. → Vous ....
- Où vas-tu ? → Où ....-t-elle ?

Attention à la terminaison du verbe ! Après **tu**, on écrit **vas** avec un **s**.

Transforme ces phrases, comme dans l'exemple :
Je vais au marché. → Non, je ne vais pas au marché.

- Il va au cinéma. → ....
- Elle va en classe. → ....
- Tu vas plus loin. → ....
- On va sortir. → ....

5 **est ou et ?**
Complète les phrases en utilisant est ou et.

- Ce garçon .... vraiment grand.
- Le frère .... la sœur sont blonds.
- J'ai pris un dessert .... du fromage.
- L'oiseau .... très beau.

Et maintenant, fais-toi dicter le texte ci-dessous.

DICTÉE NON PRÉPARÉE **Au magasin**

– Marine, je vais au magasin.
– Que vas-tu acheter, Antoine ?
– Je vais acheter des jouets, beaucoup de jouets pour moi !
Mais Marine s'amuse en le regardant partir.
– Il va au magasin, mais sans argent : j'ai sa veste et je vais cacher les euros qui sont dans sa poche !

Corrigés p. 2-3

Bilan

1 Le présent

Complète avec les verbes suivants : suis – es – est – ai – vais.
Attention ! Lis d'abord la phrase entière pour en connaitre le sens.
Barre aussitôt, dans la liste, le mot que tu viens de choisir.
Compte 2 points par bonne réponse.

L'homme assis au bord du trottoir .... si vieux, si fatigué, que je le comprends, il ne peut pas traverser seul la rue.

– Je .... vous aider, Monsieur, lui dis-je. Je le peux, vous savez. Je n'........... que huit ans, mais je .... fort.

– Non, me répond-il. Tu .... gentil, mais je veux d'abord me reposer.

Note ..../ 10

2 a ou à ?

Complète avec a ou à.
Compte 2 points par bonne réponse.

- Mon ours .... un nom. Il .... le poil doux.
- Je viendrai .... cinq heures.
- Le chat .... faim.
- Venez-vous .... la maison ?

Note ..../ 10

3 et ou est ?

Complète avec et ou est.
Compte 2 points par bonne réponse.

- J'ai mis mes bottes .... mon chapeau de pluie.
- Le pauvre moineau .... perdu !
- C'........... l'heure du gouter.
- Dans le ciel, il y a des planètes .... des étoiles.
- Mon frère .... ma sœur sont venus.

Note ..../ 10

4 Dictée préparée

Complète ces phrases avec les mots suivants :
avec – Mais – sous – vers – dans.
Puis demande à un adulte de te dicter le texte.
Compte 2 points par bonne réponse.

Le chat est .... la table .... le chien. Ils sont .... leur grand panier.

.... que font-ils ? Voilà qu'ils sortent. Ils s'en vont .... leur cabane.

Note (préparation) .... / 10
Note (dictée) .... / 10

5 Dictée non préparée

Le présent de l'indicatif

Comptine

Un et un, deux.
Oui, des frères, j'en ai deux.
Deux et deux, quatre.
Quatre et quatre, huit.
Non, des frères, je n'en ai pas huit !
Cinq et cinq, dix.
Oui, j'ai dix amis,
Qui sont ici,
Jusqu'à midi,
Ou peut-être jusqu'à minuit !

6 Dictée non préparée

Le présent de l'indicatif

Le dauphin

Chaque jour, le dauphin joue auprès des enfants. Il saute, plonge : il montre qu'il est content de les voir.
Or, un jour, Mario, le plus jeune, tombe à l'eau. Il se noie ! Alors, vite, le dauphin va le chercher au fond de l'eau et le sauve. Maintenant, Mario et le dauphin sont encore plus amis qu'avant.

Note .... / 10

Corrigés p. 3

Plus d'exercices
et de conseils sur
www.hatier-entrainement.com

Une histoire d'animaux

Simone, la gardienne de notre immeuble, est toujours de bonne humeur. Chaque matin, elle apporte les lettres en chantant. Personne ne l'a jamais vue en colère. Un matin, elle m'appelle :

– Venez voir mon nouveau poste de télé ! J'ai un nouveau poste, tout neuf, pour mes petits !

Les « petits » de Simone, ce sont ses animaux. Il y a Chouchou, un petit chien blanc ; il y a un couple de perruches qui bavardent du matin au soir. Il y a Albert, le poisson rouge plutôt silencieux. Il y a aussi un vieux chat noir qui ne mange jamais ni de poissons, ni d'oiseaux. Tous adorent la télévision.

– Ils aiment surtout les émissions qui parlent d'animaux, dit Simone. Ils n'en ratent pas une !

À ces heures-là, Simone ferme sa loge à clé. Elle allume la télé et tous regardent l'écran où défilent les animaux sauvages du monde entier. Chouchou, Albert et les autres sont émerveillés.

Or, un jour, il se passe quelque chose de bizarre. Simone est en larmes. Ses « petits » sont malades, d'une étrange maladie. Ils ne mangent plus ; ils ne font plus que dormir. Ils regardent à peine l'écran quand Simone allume la télé…

Et puis, un matin, quand Simone revient du marché, on entend un grand cri. Tout le monde vient voir ce qui se passe. C'est une catastrophe ! Les « petits » de Simone ont disparu ! Chez elle, il n'y a plus de chien, plus de chat, plus de poisson, plus de perruches… Le policier qui habite au 6e descend, lui aussi, mais il ne comprend pas non plus. Moi, j'ai une idée : c'est le chien du policier, Rex, que j'interroge, car je sais qu'il est très intelligent.

– Tu sais où sont les petits de Simone, n'est-ce pas ?

– Oui, répond le chien.

Et il m'explique :

– Tu comprends, à force de regarder la télé et de voir des animaux sauvages, les « petits » ont voulu aller sur place… c'est-à-dire en Afrique.

Alors, je le supplie de faire quelque chose, de trouver une solution. Personne ne supporte de voir Simone si triste…

Le lendemain, alors que Simone rentre chez elle, on entend un énorme cri de joie. Tout le monde se précipite. On croit qu'elle a retrouvé ses « petits ». Mais que voit-on ? Au lieu du petit chien, un énorme lion ! Au lieu du chat, une panthère noire ! Au lieu des perruches, de gros perroquets rouges ! Au lieu du poisson rouge, un hippocampe ! Et Simone, heureuse, répète : « Merci, oh, merci Rex... »

Je regarde le chien qui, en effet, baisse les yeux comme s'il était coupable :

– Oui, je sais, dit-il. Ils sont un peu encombrants ; mais c'est tout ce que j'ai trouvé ! Attends un peu ; je les ferai revenir, les « petits » de Simone : Chouchou, Albert et les autres... C'est loin l'Afrique ! Pour le moment, regarde : tu vois bien que Simone est contente !

D'après **Daniel Pennac**, *Le Grand Rex*, dans *J'aime Lire*, Bayard Presse.

DICTÉE

5 Préparation à la dictée

JE COMPRENDS

▸ **Le présent de l'indicatif du verbe danser** Maintenant, je danse !

DANSER	
je dans**e**	nous dans**ons**
tu dans**es**	vous dans**ez**
il (elle) dans**e**	ils (elles) dans**ent**

Recopie cette conjugaison plusieurs fois.

▸ **Le pluriel des noms**

Avant un nom au pluriel, il y a le plus souvent **les**, **des**, **mes**...
En général, on met un **s** à la fin du mot pour marquer le **pluriel**.

le jour, les jour**s** – une botte, des botte**s** – mon chat, mes chat**s**

CONSEILS PARENTS

Lisez et faites répéter la conjugaison à votre enfant, personne après personne.

1 Les verbes du 1er groupe au présent.
Écris au présent les verbes entre parenthèses.

- La nuit, il (*ronfler*) ....
- Vous (*chanter*) .... bien !
- Certaines fourmis (*voler*) ....
- Regarde, je (*nager*) .... très vite.

2 Le pluriel des noms.
Mets au pluriel, comme dans l'exemple :
J'ai vu un lion. → J'ai vu des lions.

- Elle a un ami. → ....
- Nous faisons une ronde. → ....
- Je te donne un livre. → ....

Au pluriel, n'oublie pas d'ajouter la lettre **s** à la fin des noms.

3 La conjugaison des verbes du 1er groupe.
Complète les phrases avec les verbes suivants : danse – nages – dansent.

- Sur un air gai et entrainant, tous les danseurs ....

et moi aussi, avec eux, je ....

- Toi, heureux, tu plonges dans la mer. Tu .... si bien !

DICTÉE PRÉPARÉE Ma chanson

Enfin, voici les vacances !
Alors je danse.
Vous, mes amis, vous chantez
Sur la musique de l'été.

Puis nous voilà sur la plage,
Et toi, tu nages.
Les vagues dansent
Enfin, voici les vacances !

CONSEILS PARENTS

Avant de dicter le texte à votre enfant, lisez-le à haute voix en vous arrêtant pour lui poser des questions. Demandez-lui par exemple comment il écrit : voici, voilà, tu nages, vous chantez.

4 Les verbes du 1er groupe au présent.
Transforme ces phrases en utilisant le pronom indiqué.

- Alors je chante et je danse.

Alors tu ....

- Vous chantez sur la musique de l'été.

Nous ....

- Tu nages.

Elle ....

- Les vagues dansent.

Je ....

5 Le pluriel et le singulier.
Écris ces phrases au singulier.

- Mes amis chantent. → ....
- Les plages brillent. → ....
- Les vagues dansent. → ....
- Elles travaillent. → ....

N'oublie pas : si le sujet du verbe est au **singulier**, le verbe le sera aussi.

Et maintenant, fais-toi dicter le texte ci-dessous.

DICTÉE NON PRÉPARÉE Un repas de desserts

Pour mon anniversaire, je rêve d'un repas de desserts. Quoi ?
Des petits macarons tout ronds, des éclairs au chocolat géants et
des charlottes aux fraises. Que boire ? Des sirops avec les fruits
que j'aime : des framboises, des fraises, des ananas. Tu aimes
aussi ? Alors je t'invite !

CONSEILS PARENTS

Chacune des dictées raconte une histoire : ici, laquelle ? Demandez à votre enfant de parler de ce repas : en quoi consiste-t-il ?

Corrigés p. 3

DICTÉE 6

Préparation à la dictée

JE COMPRENDS

▸ **Le présent de l'indicatif du verbe venir** Tu viens avec nous ?

VENIR	
je **viens**	nous **venons**
tu **viens**	vous **venez**
il (elle) **vient**	ils (elles) **viennent**

Recopie cette conjugaison plusieurs fois.

▸ **Le pluriel des noms en -eau et -al**

Les mots qui se terminent par **-eau** et **-al** au singulier prennent généralement un **x** au **pluriel**. le moineau, **les** moin**eaux** – le cheval, **les** chev**aux**

CONSEILS PARENTS

Lisez avec votre enfant la conjugaison du verbe. Donnez-lui des exemples : Je viens tout de suite. Tu viens. Insistez sur je viens avec un s, tu viens avec un s, mais il vient avec un t.

1 **Le verbe venir au présent.**
Complète avec le verbe venir au présent.

– Nous allons à la pêche à la crevette grise. Est-ce que tu ....

avec nous ?

– Oui, je .... et mes deux meilleurs amis .... aussi.

Ton frère ....-il, ou non ?

2 **Le pluriel des noms.**
Mets au pluriel, comme dans l'exemple :
une table → des tables.

- un bateau → des ....
- un masque → des ....
- un livre → des ....
- un chapeau → des ....

Attention ! Souviens-toi que certains mots prennent un **x** au pluriel.

3 **Les mots difficiles.**
Complète avec les mots suivants : bien sûr – chez – et – fête – tas.

– Pour mon anniversaire, il y aura une grande .... Beaucoup d'amis

viendront .... nous. Ils seront déguisés .... même maquillés.

Mes parents me donneront des .... de cadeaux. Les bougies ?

Je les soufflerai toutes d'un seul coup, ... !

DICTÉE PRÉPARÉE **La fête**

C'est bientôt carnaval. À la sortie de l'école, un élève parle à son meilleur ami.

— Tu viens chez moi, mercredi ?
— Bien sûr. Je viens avec un masque et un chapeau.
— Les autres aussi viennent avec des masques et des chapeaux.
— Ma grande sœur, elle, vient avec un tas de nouveaux jeux.

CONSEILS PARENTS

Avant de dicter le texte à votre enfant, lisez-le à haute voix en vous arrêtant pour poser des questions. Demandez-lui par exemple comment il écrit : tu viens, je viens, bien sûr, des chapeaux. Dictez-lui aussi la ponctuation et les majuscules.

4 **Le pluriel. Regarde le texte des dictées p. 15 et ci-dessus ; trouve et recopie trois mots différents qui, au pluriel, s'écrivent avec x.**

....

....

5 **La conjugaison du verbe venir. Relie les deux parties de chaque phrase afin que la conjugaison soit correcte.**

Je •	• revenons dimanche.
Il •	• viens avec toi.
Elles •	• viennent chez moi.
Tu •	• revient ce soir.
Nous •	• viens diner ?

Commence par **je**, à gauche, en lisant tous les choix possibles à droite. Trace ensuite un trait au crayon pour pouvoir l'effacer si c'est faux.

6 **Construction de la phrase. Mets ces mots dans l'ordre pour former une phrase qui ait un sens : reviennent – Elles – de vacances.**

....

Et maintenant, fais-toi dicter le texte ci-dessous.

DICTÉE NON PRÉPARÉE **Les cadeaux**

– Tu viens me montrer les jouets et les habits. Ces manteaux et les chapeaux sont vraiment très beaux !
On vient de t'acheter une jolie barrette pour les cheveux et encore d'autres cadeaux. C'est trop !

Corrigés p. 3

DICTÉE

7 Préparation à la dictée

JE COMPRENDS

▸ **Le présent de l'indicatif du verbe être (2)** Où est-il ?

ÊTRE	
je **suis**	nous **sommes**
tu **es**	vous **êtes**
il (elle) **est**	ils (elles) **sont**

Recopie cette conjugaison plusieurs fois.

▸ **Le h muet**

Certains mots s'écrivent avec la lettre **h**. *Attention !* C'est une lettre qui ne s'entend pas dans une lecture à haute voix.

aujourd'**h**ui – l'**h**eure – s'**h**abiller

CONSEILS PARENTS

Faites réciter à votre enfant la conjugaison du verbe être *en lui demandant d'épeler toutes les terminaisons. Donnez-lui d'autres exemples de mots commençant par la lettre* h : hérisson, héros, haut, herbe*…*

Regarde la conjugaison de l'encadré leçon pour répondre.

1 Le verbe être au présent. Écris les pronoms qui conviennent.

- Es-.......... déjà arrivée ?
- .... sont dans une grande maison.
- .... suis vraiment fatiguée.
- Comme .... êtes bien habillée !

2 Le h muet.
Écris le mot qui correspond à la définition.
(Tous les mots commencent par un h.)

- Elle est indiquée par les montres ou par les horloges. → ....
- On les met sur soi. Les animaux n'en ont pas. → ....
- On y va pour se faire opérer. → ....

3 Les mots difficiles.
Complète avec les mots suivants :
aujourd'hui – mais – où – voici – chocolat – heure – école.

C'est samedi ...., alors je ne vais pas à l'...................... : je bois un bon .... bien chaud, sans me presser. Tout à l'......................, je sortirai avec mon chien. Justement, le .... Je ne sais pas .... il est déjà allé se promener ce matin, ... on dirait qu'il a beaucoup couru : il tire la langue et souffle très fort.

DICTÉE PRÉPARÉE — Septembre, octobre

L'été finit. Aujourd'hui, le ciel est gris. Je finis de m'habiller. Mais où est mon chapeau de pluie ? Les beaux jours sont finis. Le soleil est derrière les nuages. Voici déjà l'heure de l'école. Vite, tu finis ton chocolat.

CONSEILS PARENTS

*Avant de dicter le texte à votre enfant, lisez-le à haute voix en vous arrêtant pour demander, par exemple, comment il écrit : **ciel, gris, pluie**... Dictez-lui la ponctuation et les majuscules.*

4 Le verbe être. Relie les deux parties de chaque phrase.

Je •	• sommes étonnés.
Les oies •	• suis malade.
Nous •	• êtes déjà là ?
Vous •	• es à l'heure.
Le ciel •	• est gris.
Tu •	• sont parties.

5 Le h muet. Écris les mots de la dictée qui contiennent un h.

....

....

....

Voici un indice : il y a 3 mots contenant un **h muet** dans la dictée.

6 Les lettres et les sons. Complète avec -au, -eau, -on, -ou, -eu.

- une fl............r • de l'............ • un ....tobus • le couc............
- la ch............ette • la ch............ve-s............ris • un chap............
- la h............teur • N............s reven............s à ....ze h............res.
- Il a p............r. • Il fait ch............d.

Et maintenant, fais-toi dicter le texte ci-dessous.

DICTÉE NON PRÉPARÉE — Les fleurs du jardin

Il est dix heures du matin. Maman ours finit de préparer son gâteau.
– Petit ours, tu es habillé ? demande Papa ours qui lit son journal.
– Oui, je suis prêt.
– C'est bien. Maman et moi, nous sommes prêts nous aussi.
Aujourd'hui, tous ensemble, ils plantent des fleurs dans le jardin.

Corrigés p. 3-4

DICTÉE

8 Préparation à la dictée

JE COMPRENDS

Le présent de l'indicatif du verbe avoir (2) J'ai un stylo.

AVOIR	
j'**ai**	nous **avons**
tu **as**	vous **avez**
il (elle) **a**	ils (elles) **ont**

Recopie cette conjugaison plusieurs fois.

La lettre x

On trouve la lettre **x** dans un grand nombre de mots. Mais elle ne se prononce pas toujours de la même manière.

si**x**, di**x** (on entend [**s**]) – di**x**-huit (on entend [**z**]) – fi**x**er (on entend [**ks**])

CONSEILS PARENTS

Faites réciter à votre enfant la conjugaison du verbe avoir en lui demandant d'épeler toutes les terminaisons. Donnez-lui d'autres exemples de mots contenant la lettre x : soixante, taxi...

1 Le verbe avoir au présent.
Complète les phrases en écrivant le verbe avoir au présent.

- Nous .... encore beaucoup de temps.
- Tu .... perdu ta montre !
- Les enfants .... beaucoup de jouets.
- Marie .... de très belles poupées anciennes.
- Léa et Emma, vous .... beaucoup de courage !

Souviens-toi que le verbe s'accorde **toujours** avec son sujet au présent. Regarde le tableau de l'encadré leçon.

2 La lettre x.
Écris ces chiffres en toutes lettres.

- 10 ....
- 18 ....
- 19 ....

3 Les mots difficiles.
Complète avec les mots suivants : an – ans – âge – et – quel – toi.

– J'ai huit ans. Et ...., tu as huit .... aussi ?

– Non, moi, j'ai huit ans .... demi ; mon frère a exactement le même .... que moi parce que nous sommes jumeaux. Ma sœur, elle, aura déjà quinze ans l'................ prochain. Mais ma maman ne veut jamais me dire .... âge elle a. Je me demande bien pourquoi.

DICTÉE PRÉPARÉE Quel âge as-tu ?

— Cette année, j'ai dix ans. Et toi, tu as quel âge ?
— Je n'ai pas encore dix-huit ans !
— Et vous, les parents, avez-vous plus de trente ans ?
— Oui, mais nous avons encore beaucoup de belles années à vivre avec vous !

CONSEILS PARENTS
Avant de dicter le texte à votre enfant, lisez-le à haute voix en vous arrêtant pour demander, par exemple, comment il écrit : tu as, avez-vous, âge, beaucoup. Dictez-lui aussi la ponctuation et les majuscules.

4 Le verbe avoir au présent.
Relie les deux parties de chaque phrase.

J' •	• avons de belles couleurs !
Vous •	• ai encore des billets.
Tu •	• a de la chance.
Elle •	• ont tout perdu.
Nous •	• avez de grandes dents !
Ils •	• as toujours raison.

5 La lettre x.
Classe dans le tableau les mots suivants :
boxe – dix-neuf – taxi – six – dix – vexer – dix-sept.

On entend [s]	On entend [z]	On entend [ks]
....	....	....
....	....	....
....	....	....
....	....	....

Prononce les mots à haute voix pour vérifier quel son tu entends.

Et maintenant, fais-toi dicter le texte ci-dessous.

DICTÉE NON PRÉPARÉE Mon cousin

Pour son anniversaire, mon cousin Rémi, qui aura six ans demain, demande un tambour. Il explique souvent :
— Mon grand frère a dix-huit ans, il est musicien. Nous avons à la maison, des pianos, des guitares, et même un orgue !

Corrigés p. 4

Bilan

Lis la phrase en entier, avant d'écrire. Barre aussitôt, dans la liste, le mot que tu viens de choisir.

1 Les mots difficiles

Complète le texte avec les mots suivants : vacances – soleil – pluie – ciel – quel – toujours – c'est – habiller – dix – vingt.

Compte 1 point par bonne réponse.

C'est l'anniversaire de mon meilleur ami. Je vais lui apporter un cadeau mais .... jeu choisir ?

Il faut quelque chose pour jouer pendant les .... , pour jouer quand il y a du .... , pour jouer quand le .... est gris, pour jouer les jours de .... , à l'abri. Ah ! je sais, ... facile : un ballon. On peut .... s'amuser, avec un ballon. Je vais m'.............................. et aller lui en acheter un beau. Mais combien cela coute-t-il, un ballon ? Cinq, ... ou .... euros ? Comme je ne le sais pas, j'emporte ma tirelire avec moi.

Note ..../ 10

2 Le pluriel des noms et des adjectifs

Mets au pluriel.

Compte 2 points par bonne réponse.

- une botte noire → des ....
- une plante verte → des ....
- un singe adroit → des ....
- un ami sage → des ....
- une vague bleue → des ....

Note ..../ 10

3 Dictée préparée

Complète ces phrases en utilisant les mots suivants :
aujourd'hui – alors – chez – Voici – toujours.
Demande ensuite à quelqu'un de te dicter le texte.
Compte 2 points par bonne réponse.

- Il arrive .... à l'heure .... le dentiste.
- .... quelques bonbons, choisissez !
- C'est .... mercredi.
- Tu m'as appelée, ... je suis venue.

Note (préparation) .... / 10
Note (dictée) .... / 10

4 Dictée non préparée

Le présent de l'indicatif

La sorcière

La sorcière monte sur son balai. Elle crie :
« Abracadabra ! » Et hop ! Elle s'envole à travers les airs.
Aujourd'hui, samedi, elle va au bal des sorciers. Toute la nuit, ils vont danser. Au petit matin, elle remonte sur son balai. « Abracadabra ! » La sorcière rentre chez elle tout droit.

5 Dictée non préparée

Le présent de l'indicatif

A la ferme

– Je viens de planter des choux.
– Moi, je donne du grain aux poules. Et toi, Victor ?
– Je m'occupe des chevaux.
Mélanie, leur grande sœur, clame :
– Il y aura bientôt un bon gouter, ici !
Alors tous viennent dans la cuisine, car ils ont faim.

CONSEILS PARENTS
goûter → gouter.

Note .... / 10

Corrigés p. 4

Plus d'exercices et de conseils sur **www.hatier-entrainement.com**

L'inspecteur Colombus

Aujourd'hui, un nouveau est arrivé à l'école. La maitresse nous l'a présenté en disant :

– Voici Xavier, votre nouveau camarade. J'espère que vous serez très gentils avec lui.

Ma voisine, Adeline, l'a regardé et a ricané :

– Il a une drôle de tête, avec ses yeux rouges et son bandeau dans les cheveux !

Alors il s'est passé une chose curieuse : le visage d'Adeline s'est couvert de boutons rouges et elle s'est mise à tousser ! Il a fallu que la maitresse l'emmène à l'infirmerie… À la cantine, il y a eu un autre événement bizarre. Madame Lechat, la femme de service, a apporté sur la table une montagne de frites dorées. On était tous contents. Mais elle a dit à Xavier :

– C'est pour toi, mon trésor !

Et en un clin d'œil, il a tout dévoré à lui tout seul. Nous, on n'a eu que des pommes de terre bouillies. Cela a continué toute la journée : même si Xavier faisait des bêtises, on le félicitait et on lui donnait des sucettes à la cerise ! À la fin, on était tous très énervés.

Moi, j'ai décidé de savoir qui était vraiment ce nouveau, parce que mon jeu favori, c'est de me transformer en Inspecteur Colombus. Je l'ai suivi à la sortie de l'école pour voir où il allait. Il pleuvait et j'ai remarqué que ses vêtements restaient secs sous la pluie !

Alors que j'étais devant la maison du nouveau, quelqu'un m'a frappé sur l'épaule. C'était le sorcier de la ville. Il avait des yeux rouges et des oreilles pointues. Il m'a dit :

– Tu as deviné juste : Xavier est un sorcier. Depuis que sa famille est arrivée ici, les ennuis s'abattent sur tout le monde. Il faut que tu m'aides à le chasser, sinon, ce sera terrible !

– Que faut-il faire ? ai-je demandé.

– Voilà. Il faut descendre dans la cave de leur maison et prendre la boite rouge qui est cachée dans un coffre. Dedans, il y a cinq graines. Si on les disperse au vent, toute cette famille disparaitra !

Il m'a fallu beaucoup de courage pour descendre au sous-sol. En passant devant la salle à manger, j'ai entendu les parents sorciers et leurs enfants raconter quelques horreurs : le père avait allumé des incendies ; la mère avait rendu des enfants malades ; l'un des fils avait ouvert la porte du zoo ; l'autre avait jeté des serpents dans la piscine et Xavier, en riant, a raconté les tours qu'il nous avait joués à l'école... Finalement, je suis arrivé près du coffre ; mais, à ce moment-là, j'ai eu très peur, car les trois enfants et le chat Satanix s'étaient lancés à ma poursuite. Mais j'ai été sauvé quand la mère a appelé ses fils :

– Venez vite, mes trésors : nous devons inventer de nouvelles catastrophes pour demain !

Ils sont tous partis. Alors j'ai attrapé la boite rouge, je suis remonté tout essoufflé et je l'ai donnée au sorcier qui m'attendait dehors. Il a aussitôt jeté les graines en l'air et alors, on a vu toute la famille s'envoler par la cheminée !

Chose curieuse : lorsque, le lendemain, j'ai voulu raconter à mes camarades ce qui était arrivé à Xavier, personne n'a été intéressé, c'était comme s'il n'avait jamais existé !

Finalement, cette enquête restera un secret entre le sorcier de la ville et moi. Mais je dois dire que mon succès dans cette affaire m'a donné une grande confiance en moi !

D'après **G. Noël**, *Inspecteur Colombus*, dans *J'aime lire* n° 174, juillet 1991, Bayard Presse.

DICTÉE 9

Préparation à la dictée

JE COMPRENDS

Le présent et l'imparfait de l'indicatif du verbe être

Je suis là. Hier, j'étais déjà là.

ÊTRE

Présent		Imparfait	
je **suis**	nous **sommes**	j'**étais**	nous **étions**
tu **es**	vous **êtes**	tu **étais**	vous **étiez**
il (elle) **est**	ils (elles) **sont**	il (elle) **était**	ils (elles) **étaient**

Recopie ces conjugaisons plusieurs fois.

est ou et

Il ne faut pas confondre les mots qui se prononcent de la même manière mais s'écrivent différemment :

– **est** (verbe **être** au présent) peut être remplacé par **était**.

Il **est** content.

– **et** (conjonction) peut être remplacé par **et puis**.

Le chameau **et** le dromadaire

CONSEILS PARENTS

Pour faire comprendre la notion de présent à votre enfant, commencez une phrase par : Maintenant... Pour illustrer l'imparfait, commencez une phrase par : Hier...

1 L'imparfait.
Mets les verbes entre parenthèses à l'imparfait de l'indicatif.

Il (*être*) .... une fois deux petits garçons qui (*être*) .... toujours ensemble. Leur maison, c'(*être*) .... une cabane au fond des bois.

2 est ou et ? Complète ces phrases en utilisant est ou et.

- Voici son père .... sa mère.
- Il a un vélo rouge .... bleu.
- Cet oiseau .... très joli.
- Pierre .... très sportif.
- La fillette .... malade.

Rappelle-toi que **est** peut être remplacé par **était**.

3 Les mots difficiles. Complète ces phrases avec les mots suivants :
père – pauvre maison – chercher – enfant.

- Il habitait une riche maison. → Il habitait une ....
- Vous allez trouver. → Vous allez ....
- Il était venu avec sa mère. → Il était venu avec son ....
- C'est une grande personne. → C'est un ....

Chouette CE1

7-8 ANS

Les corrigés

Dictées

- **La maitrise du langage** est au cœur du nouveau programme. Mieux les enfants manieront la langue, plus ils seront à l'aise dans les différents domaines. Ils repèreront plus facilement les vocabulaires spécifiques à chaque matière, comprendront mieux les énoncés et répondront plus précisément aux questions qui leur sont posées.

- **Au cycle 2** (CP, CE1 et CE2), votre enfant entre dans l'apprentissage du français par l'oral, l'écriture et la lecture. Parallèlement, il en apprend les règles. Il peut ainsi produire des énoncés mieux structurés, des écrits organisés et ponctués de plus en plus complexes, et surveiller son orthographe.

Hatier

Dictée 1

PAGE 8

1 Lui, il a un nouvel ordinateur. Moi, j'ai des jeux. Si tu veux, allons chez toi : tu as une grande chambre, tu as même une console à toi : nous jouerons ! Après, si tu as le temps, nous irons nous promener.

2 • Elle a un petit frère.
• Je vais à la poste.
• Nous arriverons à cinq heures.
• Le chat a peur.
• Le bébé a faim.
• Elles jouent à chat perché.
• Il a froid.
• Viens à la maison !

3 *Il faut utiliser les mots dans cet ordre :*
langue – rien – parce qu' – ours – doux.

PAGE 9

4 • Oui, j'ai un frère.
• Oui, j'ai un chat.
• Oui, j'ai un ami.
• Oui, j'ai une petite maison.
• As-tu un ours ?
• As-tu une maison ?
• As-tu un jardin ?
• As-tu de la chance ?

5 Il a le poil doux. Il a aussi un nom. Tu as un chien ? Tu as un coq [...] ? Ton pauvre ami, il n'a même pas de maison à lui !

Dictée 2

PAGE 10

1 • Le mouton est dans le pré.
• Tu es toujours contente.
• Je suis arrivée là.
• Il est très maigre.

2 • un grand coffre
• un chat noir
• Il est petit.

3 *Il faut utiliser les mots dans cet ordre :*
nez – loup – coq – à – où – sûr.

PAGE 11

4 • *Les lettres qui s'entendent (à souligner en bleu) sont :* r de « noir », q de « coq », r de « sûr », c de « avec ».
• *Les lettres qui ne s'entendent pas (à souligner en rouge) sont :* d de « grand », x de « doux », s de « tu es », t de « elle est », t de « petit », t de « chat », m de « nom », n de « maison ».

5 – Ton frère ? Je me demande où il est ! On est sans cesse obligé de le chercher ! Toi, au moins, tu es sage ! On sait toujours où tu es. À propos, si tu veux jouer avec Marie, tu peux aller jusqu'au jardin : je suis sure (sûre) qu'elle est sur la balançoire !

6 *Les trois mots à entourer sont :*
avion, auto, abeille.

Dictée 3

PAGE 12

1 • Il danse.
• Tu demandes.
• Je parle.
• Elle change.
• Tu marches.
• Je mange.

2 • Es-tu prêt ?
• Pourquoi pas ?
• Est-ce possible ?
• Voilà une bonne idée.
• Quand arrives-tu ?
• Je ne viens pas.

3 *Il faut utiliser les mots dans cet ordre :*
maison – frère – chat – mais – pourquoi.

PAGE 13

4 • Mais moi, je ne chante pas.
• Mais elle, elle ne chante pas.
• Mais toi, tu ne chantes pas.

5 • Pourquoi cherches-tu ta maman ?
• Pourquoi reste-t-elle là ?
• Pourquoi regarde-t-il son chat ?
• Pourquoi joue-t-il dans la cour ?
• Pourquoi cache-t-il son ballon ?

• Non, elle ne chante pas.
• Non, tu n'aimes pas jouer.
• Non, tu ne regardes pas la télévision.
• Non, elle ne parle pas fort.

Dictée 4

PAGE 14

1 Le samedi après-midi et le dimanche, nous n'allons pas à l'école.
– Toi, que fais-tu, Alice ? Où vas-tu te promener le dimanche ?
– Moi, dit Alice, je reste à la maison. Je vais au salon avec papa pour écouter de la musique. Mon frère, lui, va tout seul au cinéma.

2 • J'ai des bottes et un chapeau.
• Elle est toute petite.
• Ce chat est gentil.
• Tu mets des gants et une écharpe.

3 *Il faut utiliser les mots dans cet ordre :*
pluie – chapeau – chemin – moulin – eau – moineau.

PAGE 15

4 • Ils vont souvent se promener.
• Vous allez jusqu'au moulin.
• Où va-t-elle ?
• Non, il ne va pas au cinéma.
• Non, elle ne va pas en classe.
• Non, tu ne vas pas plus loin.
• Non, on ne va pas sortir.

5 • Ce garçon est vraiment grand.
• Le frère et la sœur sont blonds.
• J'ai pris un dessert et du fromage.
• L'oiseau est très beau.

Bilan 1

PAGE 16

1 *Il faut utiliser les mots dans cet ordre :*
est – vais – ai – suis – es.

2 • Mon ours a un nom. Il a le poil doux.
• Je viendrai à cinq heures.
• Le chat a faim.
• Venez-vous à la maison ?

3 • J'ai mis mes bottes et mon chapeau de pluie.
• Le pauvre moineau est perdu !
• C'est l'heure du gouter (goûter).
• Dans le ciel, il y a des planètes et des étoiles.
• Mon frère et ma sœur sont venus.

4 *Il faut utiliser les mots dans cet ordre :*
sous – avec – dans – Mais – vers.

Dictée 5

PAGE 20

1 • La nuit, il ronfle.
• Vous chantez bien !
• Certaines fourmis volent.
• Regarde ! Je nage très vite.

2 • Elle a des amis.
• Nous faisons des rondes.
• Je te donne des livres.

3 • Sur un air gai et entrainant (entraînant), tous les danseurs dansent et moi aussi, avec eux, je danse.
• Toi, heureux, tu plonges dans la mer. Tu nages si bien !

PAGE 21

4 • Alors tu chantes et tu danses.
• Nous chantons sur la musique de l'été.
• Elle nage.
• Je danse.

5 • Mon ami chante.
• La plage brille.
• La vague danse.
• Elle travaille.

Dictée 6

PAGE 22

1 – Est-ce que tu viens avec nous ?
– Oui, je viens et mes deux meilleurs amis viennent aussi.
Ton frère vient-il, ou non ?

2 • des bateaux
• des masques
• des livres
• des chapeaux

3 *Il faut utiliser les mots dans cet ordre :*
fête – chez – et – tas – bien sûr.

PAGE 23

4 un chapeau, l'eau, moineau, nouveau

5 • Je viens avec toi.
• Il revient ce soir.
• Elles viennent chez moi.
• Tu viens diner (dîner) ?
• Nous revenons dimanche.

6 Elles reviennent de vacances.

Dictée 7

PAGE 24

1 • Es-tu déjà arrivée ?
• Ils (Elles) sont dans une grande maison.
• Je suis vraiment fatiguée.
• Comme vous êtes bien habillée !

2 • l'heure
• les habits
• l'hôpital

3 *Il faut utiliser les mots dans cet ordre :*
aujourd'hui – l'école – chocolat – heure – voici – où – mais.

PAGE 25

4 • Je suis malade.
• Les oies sont parties.
• Nous sommes étonnés.
• Vous êtes déjà là ?
• Le ciel est gris.
• Tu es à l'heure.

5 *Mots qui s'écrivent avec h :*
aujourd'hui – habiller – heure.

6 • une fleur
• de l'eau
• un autobus
• le coucou
• la chouette
• la chauve-souris
• un chapeau
• la hauteur
• Nous revenons à onze heures.
• Il a peur.
• Il fait chaud.

Dictée 8

PAGE 26

1 • Nous avons encore beaucoup de temps.
• Tu as perdu ta montre !
• Les enfants ont beaucoup de jouets.
• Marie a de très belles poupées anciennes.
• Léa et Emma, vous avez beaucoup de courage !

2 • dix
• dix-huit
• dix-neuf

3 *Il faut utiliser les mots dans cet ordre :*
toi – ans – et – âge – an – quel.

PAGE 27

4 • J'ai encore des billets.
• Vous avez de grandes dents !
• Tu as toujours raison.
• Elle a de la chance.
• Nous avons de belles couleurs !
• Ils ont tout perdu.

5 • *On entend [s] dans :* six, dix, dix-sept.
• *On entend [z] dans :* dix-neuf.
• *On entend [ks] dans :* boxe, taxi, vexer.

Bilan 2

PAGE 28

1 *Il faut utiliser les mots dans cet ordre :*
quel – vacances – soleil – ciel – pluie – c'est – toujours – habiller – dix – vingt.

2 • des bottes noires
• des plantes vertes
• des singes adroits
• des amis sages
• des vagues bleues

3 *Il faut utiliser les mots dans cet ordre :*
toujours – chez – Voici – aujourd'hui – alors.

Dictée 9

PAGE 32

1 Il était une fois deux petits garçons qui étaient toujours ensemble. Leur maison, c'était une cabane au fond des bois.

2 • Voici son père et sa mère.
• Il a un vélo rouge et bleu.
• Cet oiseau est très joli.
• Pierre est très sportif.
• La fillette est malade.

3 *Il faut utiliser les mots dans cet ordre :*
pauvre maison – chercher – père – enfant.

PAGE 33

4 • C'est un enfant timide.
• Il est toujours seul.
• Elle est triste.
• Moi, sa sœur, je suis là.
• Sa mère est malade.
• Elle habite dans une pauvre maison.
• Il espère l'aider.
• Elle est malheureuse.

5 • Elle est très jolie.
• Son frère et sa sœur sont venus.
• J'ai mangé des frites et une glace.
• Cet arbre est un chêne.
• Mon père et ma mère sont partis au cinéma.
• Cette voiture est très vieille.

Dictée 10

PAGE 34

1 • Le directeur habitait là.
• L'hiver était rude.
• Victor marchait le long du canal.

2 • C'est une belle maison.
• C'est un délicieux dessert.

3 *Il faut utiliser les mots dans cet ordre :*
château – hiver – montagne – froid – courage – belle.

PAGE 35

4 • Les dames habitent un grand château.
• Vous habitez un grand château.
• Les animaux sont loin dans la montagne.
• Tu es loin dans la montagne.

5 • un grand château
• la belle dame
• l'hiver froid
• la petite fille

6 dans, grand, enfant, demandais, brillants, rentrait

Dictée 11

PAGE 36

1 • Il (Elle, On) arrivait en avance.
• Tu (J') ouvrais la porte.
• Nous partions en vacances.
• Ils (Elles) finissaient leur repas.

2 • La maison est grande.
• La piscine est belle.
• Cette fille est petite.

3 *Il faut utiliser les mots dans cet ordre :*
arrivait – ouvrait – château – plein – enfin.

PAGE 37

4 *Il faut utiliser les mots dans cet ordre :*
pleurait – dame – moi – je – faisais.

5 • arrivait, arrive
• ouvrait, ouvre
• souriait, sourit
• entrait, entre
• était, est
• écoutait, écoute
• parlait, parle
• pleurait, pleure
• allait, va

Dictée 12

PAGE 38

1 • Les enfants vivaient heureux.
• Nous buvions du chocolat chaud.
• Elles attendaient toute la journée.

2 • Les chevaux blancs attendaient.
• Les petites filles écrivaient.
• Les belles voitures roulaient.

3 *Il faut utiliser les mots dans cet ordre :*
tremblaient – avaient – arrivait – mangeaient – revivaient – changeait.

PAGE 39

4 • attendaient – attendre – attendent
• se rendait – se rendre – se rend
• répandait – répandre – répand
• mangeaient – manger – mangent
• buvaient – boire – boivent
• revivaient – revivre – revivent
• riait – rire – rit

5 • la pauvre maison
• le grand frère
• la belle dame
• le vieux château
• le petit frère
• la petite fille

Bilan 3

PAGE 40

1 *Il faut utiliser les mots dans cet ordre :*
grand – petite – noire – blanche – belle – vert – triste – malade – froid – loin.

2 • une grande maison
• une petite sœur
• une grosse poule
• une bonne tartine
• une méchante lionne

3 • L'enfant habite dans une grande maison.
• Nous sommes tous ensemble.
• Les oiseaux boivent dans la mare.
• Vous sortez malgré le froid.
• Elle sourit souvent.

Dictée 13

PAGE 44

1 • Hier, j'ai eu chaud !
• À ce moment-là, elles ont eu vraiment peur.
• Dimanche, nous avons eu des invités.
• Vous avez eu de beaux cadeaux.
• Tu as eu un vélo pour ton anniversaire.

2 • une friandise
• content
• emporter
• la campagne
• l'ombre
• immangeable
• emprunter
• le sanglier
• ensemble

3 *Il faut utiliser les mots dans cet ordre :*
ai emporté – ai – eu – ai été – a dessiné.

PAGE 45

4 • J'ai chanté.
• Tu as eu ton cadeau ?
• Elle a été gentille.
• Ils ont eu la rougeole.
• Vous avez eu une bonne note.
• Nous avons eu deux desserts.

5 *Mots à trouver :*
timbre, chambre, pompier, emporter, immangeable, campagne, ombre, emprunter, ensemble.

Dictée 14

PAGE 46

1 • Rémi a été gâté.
• J'ai été surprise.
• Nous avons été stupides !
• Vous avez été vraiment gentils.

2 • l'été dernier
• un pommier
• un panier
• un pompier
• un métier
• un cerisier
• le premier
• le sorcier

3 *Il faut utiliser les mots dans cet ordre :*
est venu – est allé – ai joué – ai regardé – as vu.

PAGE 47

4 • Nous avons été très content(e)s.
• Elles ont été très contentes.
• Vous avez été très content(s) *ou* contente(s).
• Tu as été très content(e).
• J'ai été très content(e).

5 • l'année dernière
• Elle est la première.
• La fermière arrive.
• La charcutière est gentille.

Dictée 15

PAGE 48

1 • Nous avons fabriqué un immense cerf-volant.
• Ils ont apporté du jus d'orange.
• Vous avez invité tous vos amis !
• Tu as joué tout l'après-midi avec tes voisins.

2 • une jambe
• de l'encre
• un bonbon
• un gendarme
• une ampoule
• emmêler
• comprendre

3 *Il faut utiliser les mots dans cet ordre :*
avons invité – avons fabriqué – avons apporté – avons mangé.

PAGE 49

4 *Il faut utiliser les mots dans cet ordre :*
cherché – trouvé – mangé – traversé – calculé – fabriqué.

5 *Souligner en rouge :* chambre, ensemble, compter, emmener, tomber.

6 • Nous avons nagé toute la journée dans la piscine.
• Cet été, ma sœur et moi nous irons en colonie de vacances.
• Pour aller à l'école, je prends le bus.
• Les écureuils aiment beaucoup les noisettes.

Dictée 16

PAGE 50

1 • Il y est allé.
• Il est reparti.
• Il est arrivé.
• Il est resté.
• Il a été content.
• Il s'est amusé.

2 C'est son ami. • Ils sont tous les deux dans la même classe. • Ils sont venus ensemble à l'école. • Son frère et sa sœur, eux, sont déjà au collège.

3 Enfin, elle était rentrée chez elle. Là, son chien l'attendait et il était content de la revoir. Comme chaque après-midi, elle jouait avec lui, mais hélas ! Il était bientôt cinq heures. Maintenant, elle devait faire ses devoirs.

PAGE 51

4 • Rémi est allé : verbe aller
• son ami est arrivé : verbe arriver
• Rémi s'est amusé : verbe (s') amuser
• il est reparti : verbe repartir

5 la dictée • l'après-midi • attendre • dernier • la chèvre • une idée • la perdrix • alors • le maitre (maître) • la chasse • content • la maison

Bilan 4

PAGE 52

1 • Tu as vu un lion.
• Il est venu.
• Nous sommes revenus.
• Je suis restée.
• J'ai eu peur.
• Vous êtes partis.

2 • immangeable
• un bonbon
• un bonhomme
• emmener
• une ronde
• une chambre
• un compartiment
• un serpent
• un pompier
• la campagne

3 • L'élève a eu une bonne note.
• Elles ont été très malades.
• Ils ont mangé tous les biscuits.
• Il est resté debout toute la journée !
• Tu as demandé à quelqu'un de t'aider.

4 *Il faut utiliser les mots dans cet ordre :*
près – beaucoup – pendant – et puis – à.

Dictée 17

PAGE 56

1 • Plus tard, quand je serai grand, je serai pompier.
• Nous aurons du chocolat.
• Ils auront un gouter (goûter).
• Vous serez bien placés.
• Aurez-vous le temps ?

2 • une bille
• une famille
• une fille
• Ils brillent.
• un papillon
• un sillon
• Elle est gentille.
• une chenille
• une cheville
• de la vanille

3 *Il faut utiliser les mots dans cet ordre :*
auront – serai – aura – lira – écrira.

PAGE 57

4 • Quand tu seras grande, tu seras maitresse (maîtresse) d'école.
• Quand nous serons grandes, nous serons maitresses d'école.
• Quand elles seront grandes, elles seront maitresses d'école.
• Quand vous serez grandes, vous serez maitresses d'école.
• Quand elle sera grande, elle sera maitresse d'école.

5 • de la vanille
• Elle s'appelle Camille.
• de la camomille
• une quille
• Cela fourmille.
• une chenille
• Le soleil brille avec éclat, aujourd'hui.
• Ma tante a eu son bébé : c'est une fille.

Dictée 18

PAGE 58

1 • Cet hiver, il coupera du bois.
• J'apporterai quelque chose à manger.
• La poule s'occupera de ses poussins.

2 • Des feuilles blanches.
• Quelle belle médaille !
• La maison en paille a brulé (brûlé) !
• Je cueille du chèvrefeuille !

3 *Il faut utiliser les mots dans cet ordre :*
terre – eau – oiseau – fond – nid.

PAGE 59

4 • Ils apporteront des feuilles et des fleurs.
• Nous apporterons des feuilles et des fleurs.
• Je me promènerai dans la campagne.
• Tu te promèneras dans la campagne.
• Vous vous promènerez dans la campagne.

5 *Il faut utiliser les mots dans cet ordre :*
habiller – bavarder – fermer – finir – dire.

Dictée 19

PAGE 60

1 • J'aurai un trésor.
• Ce sera très bien.
• Tu le lui donneras.
• Nous connaitrons (connaîtrons) tes amis.
• Vous fabriquerez un radeau.

2 *Il faut utiliser les mots dans cet ordre :*
dans – rien – pour – mais.

3 *Il faut utiliser les mots dans cet ordre :*
viens d' – vais – viens de.

PAGE 61

4 • Nous découvrirons un trésor.
• Elles découvriront un trésor.
• Je lui donnerai de l'or.

5 • Ces gâteaux <u>ne</u> seront <u>que</u> <u>pour</u> nous.
• <u>Mais</u> les chats guettent mes gâteaux.

Bilan 5

PAGE 62

1 • Il regardera.
• J'aurai.
• Tu liras.
• Il écrira.
• Tu aimeras.
• Je serai.
• Tu vas l'apporter.
• Tu vas parler.
• Il vient de trouver.
• Je l'ai vu.

2 *Il faut utiliser les mots dans cet ordre :*
palais – canards – eux – des œufs – chapeau.

3 • J'aurai de belles ailes quand je serai un grand oiseau.
• Nous nous poserons bientôt sur une terre lointaine.
• Il fera son nid avec des brindilles.
• Tu découvriras peut-être un trésor !

4 *Il faut utiliser les mots dans cet ordre :*
un peu – Chaque – jamais – Quand – d'abord.

DICTÉE PRÉPARÉE La dame et l'enfant

Il était une fois une enfant qui habitait une maison pauvre et triste. Elle avait trois petits frères. Sa mère était malade et son père aussi. Rien à manger ici !
— Et si j'allais chercher la dame ?

à suivre…

CONSEILS PARENTS
*Avant de dicter le texte à votre enfant, lisez-le à haute voix en vous arrêtant pour demander, par exemple, comment il écrit : **une fois, habitait, chercher, rien à manger**… Après la dictée, soulignez les fautes de votre enfant, mais surtout félicitez-le pour tous les mots bien écrits !*

4 Le verbe être.
Mets les verbes au présent.

- C'était un enfant timide. → ……………………
- Il était toujours seul. → ……………………
- Elle était triste. → ……………………
- Moi, sa sœur, j'étais là. → ……………………
- Sa mère était malade. → ……………………
- Elle habitait dans une pauvre maison. → ……………………
- Il espérait l'aider. → ……………………
- Elle était malheureuse. → ……………………

Pour t'aider, tu peux commencer chaque phrase par : **Maintenant…**

5 est ou et ?
Utilise est ou et pour compléter ces phrases.

• Elle ………. très jolie. • Son frère ………. sa sœur sont venus. • J'ai mangé des frites ………. une glace. • Cet arbre ………. un chêne. • Mon père ………. ma mère sont partis au cinéma. • Cette voiture ………. très vieille.

Et maintenant, fais-toi dicter le texte ci-dessous.

DICTÉE NON PRÉPARÉE L'école autrefois

— Quand j'étais enfant, j'allais dans une petite école, à la campagne. C'était vers 1920. Il y avait une école pour les filles, avec une maitresse et une école pour les garçons, avec un maitre. On allait à l'école primaire à partir de 7 ans seulement.

D'après *BTJ* n° 344, « L'école autrefois ».

CONSEILS PARENTS
• Chaque dictée raconte une histoire : ici, laquelle ? Demandez à votre enfant en quoi son école est la même – ou n'est pas la même – qu'en 1920.
• maître(sse) → maitre(sse).

Corrigés p. 4

DICTÉE 10

Préparation à la dictée

JE COMPRENDS

▸ Le présent et l'imparfait de l'indicatif du verbe marcher

Il ne marche pas vite. Avant, il marchait vite.

MARCHER

Présent		Imparfait	
je march**e**	nous march**ons**	je march**ais**	nous march**ions**
tu march**es**	vous march**ez**	tu march**ais**	vous march**iez**
il (elle) march**e**	ils (elles) march**ent**	il (elle) march**ait**	ils (elles) march**aient**

Recopie ces conjugaisons plusieurs fois.

▸ L'accord de l'adjectif (1)

L'adjectif **s'accorde avec le nom auquel il se rapporte**.

un petit chien – un**e** petit**e** caban**e** – de**s** petit**s** loups

CONSEILS PARENTS

Faites remarquer à votre enfant que la 1re partie du verbe (march-) ne varie pas d'un temps à l'autre, mais que les terminaisons, elles, changent.

1 Les verbes du 1er groupe à l'imparfait de l'indicatif.
Complète ces phrases en mettant les verbes entre parenthèses à l'imparfait.

- Le directeur (*habiter*) .... là.
- L'hiver (*être*) .... rude.
- Victor (*marcher*) .... le long du canal.

2 L'adjectif. Transforme ces phrases, comme dans l'exemple, puis souligne l'adjectif :
Le château est grand. → C'est un grand château.

- La maison est belle. → ....
- Le dessert est délicieux. → ....

3 Les mots difficiles.
Complète ce texte avec les mots suivants :
château – courage – montagne – hiver – belle – froid.

– Je vis au bord de l'eau, dans un .... Mais avec mon père,

chaque .... , je regagne ma maison, à la ....

Viens avec moi, même s'il y fait ....

À notre âge, on a du .... !

Viens, la glace étincelle, viens, la neige est si .... !

Tu retrouveras tous ces mots difficiles dans la dictée préparée de la p. 35. Retiens-les bien !

DICTÉE PRÉPARÉE Le château

La dame habitait dans un grand château. Mais le château était loin dans la montagne. L'enfant marchait, marchait dans l'hiver froid.
La belle dame allait sauver son père et sa mère aussi.
La petite fille marchait avec courage.

à suivre...

CONSEILS PARENTS
Avant de dicter le texte à votre enfant, lisez-le à haute voix en vous arrêtant pour demander, par exemple, comment il écrit : château, montagne, hiver, ou comment se terminent les verbes.

Souviens-toi que les noms et les adjectifs se terminent par les lettres **s** ou **x** au pluriel. Les mots **invariables**, comme loin, ne changent **jamais**.

4 De l'imparfait au présent.
Mets les verbes au présent en utilisant le sujet indiqué.

- La dame habitait un grand château.

Les dames ....

Vous ....

- Le château était loin dans la montagne.

Les animaux ....

Tu ....

5 L'adjectif. Complète avec un adjectif de la dictée.

- un .... château
- la .... dame
- l'hiver ....
- la .... fille

6 an ou en ?
Trouve dans les dictées de cette page des mots avec an ou en et recopie-les.

....

Et maintenant, fais-toi dicter le texte ci-dessous.

DICTÉE NON PRÉPARÉE Dans la nuit

J'étais seul à la maison, raconte Paul. Dehors, le chien aboyait. Je me demandais qui était là. Je devais sortir, mais il faisait nuit noire. Soudain, les phares brillants d'une voiture éclairaient toute la cour. Enfin papa rentrait : je n'avais plus peur !

Corrigés p. 5

DICTÉE

11 Préparation à la dictée

JE COMPRENDS

Le présent et l'imparfait de l'indicatif du verbe ouvrir

Elle ouvre sa porte. D'habitude, elle ouvrait sa porte.

OUVRIR

Présent		Imparfait	
j'ouvr**e**	nous ouvr**ons**	j'ouvr**ais**	nous ouvr**ions**
tu ouvr**es**	vous ouvr**ez**	tu ouvr**ais**	vous ouvr**iez**
il (elle) ouvr**e**	ils (elles) ouvr**ent**	il (elle) ouvr**ait**	ils (elles) ouvr**aient**

Recopie ces conjugaisons plusieurs fois.

L'accord de l'adjectif (2)

Si un nom est **masculin**, l'**adjectif** qui l'accompagne se met au **masculin**. Si un nom est **féminin**, l'**adjectif** se met au **féminin** : on dit que l'adjectif **s'accorde avec le nom**.

Paul est **beau**. – Julie est **belle**. – Un chat **blanc**. – Une chèvre **blanche**

CONSEILS PARENTS

Faites remarquer à votre enfant que la première partie du verbe, (ici ouvr-), ne change pas. Au présent, insistez sur la terminaison à la deuxième personne du singulier : s.

1 Le sujet d'un verbe.
Observe la terminaison des verbes et écris le sujet qui convient.

- .... arrivait en avance.
- .... partions en vacances.
- .... ouvrais la porte.
- .... finissaient leur repas.

2 L'adjectif.
Mets ces phrases au féminin.

- L'immeuble est grand. → La maison ....
- Le château est beau. → La piscine ....
- Ce garçon est petit. → Cette fille ....

Le plus souvent, on forme le **féminin** des adjectifs en ajoutant la lettre **e** : *amusant / amusante*.

3 Les mots difficiles.
Complète avec les mots suivants :
plein – enfin – arrivait – ouvrait – château.

Cendrillon, habillée comme une princesse, ... chez le prince.

Le prince .... aussitôt les portes de son ....

Dans son palais, il y avait beaucoup d'amis et .... de musique.

– Vous voici .... ! disait le prince à Cendrillon devenue princesse, et il la prenait dans ses bras pour la faire danser.

DICTÉE PRÉPARÉE De la lumière

Elle arrivait enfin ! Et la belle dame en robe blanche ouvrait la porte et souriait. La petite fille entrait. Le château était très beau, très chaud, plein de lumière. La dame écoutait la petite qui parlait et qui pleurait. Oui, elle allait venir avec elle !

à suivre…

CONSEILS PARENTS
Avant de dicter le texte à votre enfant, lisez-le à haute voix en vous arrêtant pour demander, par exemple, comment il écrit : enfin, fille… Insistez sur les accents dans ces mots : lumière, château, très, écoutait.

4 Les mots difficiles.
Complète ce texte avec les mots suivants :
faisais – pleurait – dame – je – moi.

Dans le film, l'enfant qui venait de tomber de bicyclette criait et ....

La .... le prenait dans ses bras et lui disait qu'il n'était pas blessé.

Mais .... , quand je tombais, ... ne pleurais pas, je ne me plaignais pas. J'étais même très courageuse, car je .... même semblant de sourire !

5 Les verbes. Recopie tous les verbes de la dictée puis mets-les au présent.

....

....

....

....

....

....

Et maintenant, fais-toi dicter le texte ci-dessous.

DICTÉE NON PRÉPARÉE Le lion

Le lion et la lionne habitaient dans la brousse, en Afrique. Ils avaient la même couleur que l'herbe et se nourrissaient d'animaux. Le petit lion et la petite lionne, leurs enfants, aimaient bien cette vie sauvage : c'était mieux que de vivre dans un zoo !

D'après *BTJ* n° 24.

Les verbes de cette dictée sont tous à **l'imparfait** : ils se terminent donc par **-ait** ou **-aient**. Alors, prêt pour un zéro faute ?

Corrigés p. 5

DICTÉE

12 Préparation à la dictée

JE COMPRENDS

Le présent et l'imparfait de l'indicatif du verbe manger

Tu manges du pain.

MANGER

Présent		Imparfait	
je mang**e**	nous mang**eons**	je mang**eais**	nous mang**ions**
tu mang**es**	vous mang**ez**	tu mang**eais**	vous mang**iez**
il (elle) mang**e**	ils (elles) mang**ent**	il (elle) mang**eait**	ils (elles) mang**eaient**

Recopie ces conjugaisons plusieurs fois.

L'accord de l'adjectif (3)

Si le nom est au **pluriel**, l'**adjectif** qui s'y rapporte est lui aussi au **pluriel** : on dit que l'adjectif **s'accorde** en **nombre avec le nom**.
Au pluriel, on ajoute en général **-s**.

un chat **noir**, de**s** chat**s** **noirs** – une oie **blanche**, de**s** oie**s** **blanches**

CONSEILS PARENTS

Attirez l'attention de votre enfant sur la nécessité d'ajouter la lettre e après le g pour obtenir le son « je » : nous mangeons, je mangeais, tu mangeais…

N'oublie pas, si le sujet du verbe est au **pluriel**, le verbe le sera aussi.

1 Les verbes à l'imparfait.
Ajoute les terminaisons des verbes à l'imparfait.

- Les enfants viv................ heureux.
- Nous buv................ du chocolat chaud.
- Elles attend................ toute la journée.

2 Le pluriel.
Écris ces phrases au pluriel.

- Le cheval blanc attendait. → ....
- La petite fille écrivait. → ....
- La belle voiture roulait. → ....

3 Les mots difficiles. Complète avec les mots suivants :
mangeaient – revivaient – avaient – tremblaient – arrivait – changeait.

C'était l'hiver. Les oiseaux .... de froid. Il n'y avait rien à manger. Ils .... faim. Mais l'enfant .... près d'eux, portant un panier plein de provisions. Les oiseaux .... les graines, le pain. C'était comme s'ils .... ! Ils pouvaient boire aussi, car le soleil devenait chaud : la glace se .... en eau.

DICTÉE PRÉPARÉE **Tout revivait !**

Dans la pauvre maison, les petits frères vivaient dans le froid. Leur père et leur mère malades attendaient en tremblant. Mais voilà que la belle dame se rendait chez eux et répandait le bonheur. Les frères ? Ils mangeaient et buvaient ! Les parents ? Ils revivaient ! Et enfin, la petite fille riait !

CONSEILS PARENTS

Avant de dicter le texte à votre enfant, lisez-le à haute voix et demandez-lui de repérer le sujet de chaque verbe. Qui est-ce qui vivait dans le froid ?
Qui attendait ?
Qui mangeait ?
Qui riait ?

L'imparfait est un temps souvent utilisé dans un récit. Une histoire est racontée dans les dictées préparées des p. 33, 35, 37 et 39. Peux-tu dire ce qui s'est passé ?

4 **De l'imparfait au présent.**
Recopie les verbes de la dictée. Donne leur infinitif puis mets-les au présent, comme dans l'exemple : vivaient – vivre – vivent.

....

....

....

....

....

....

5 **Le nom et l'adjectif. Mets ces groupes de mots au singulier.**

- les pauvres maisons → la ....
- les grands frères → le ....
- les belles dames → la ....
- les vieux châteaux → le ....
- les petits frères → le ....
- les petites filles → la ....

Et maintenant, fais-toi dicter le texte ci-dessous.

DICTÉE NON PRÉPARÉE **Les oiseaux**

Nous habitions alors un village du sud de la France. Comme, l'hiver, les oiseaux ne trouvaient pas facilement des graines, nous leur en donnions. Ils venaient près des maisons. Avec nos jumelles, nous pouvions les observer : comme ils étaient beaux !

D'après *BTJ* n° 333.

Corrigés p. 5

Bilan

1 Les mots difficiles

Complète avec les mots suivants : grand – loin – triste – vert – malade – froid – belle – petite – noire – blanche.
Barre aussitôt, dans la liste, le mot que tu viens de choisir.
Compte 1 point par bonne réponse.

On m'a donné, pour garder ma maison, un .... chien-loup, qui fait peur à tout le monde. Et pour jouer au salon, une toute .... chatte .... et .... J'ai aussi une .... cage peinte en .... pour y mettre des oiseaux.

Mais je n'ai pas voulu d'oiseau, car un jour, j'en ai vu un dans une cage. Il était devenu si .... que bientôt il est tombé .... et qu'il est mort. C'était un oiseau venu des iles où il fait toujours chaud. Ici, il avait trop .... Pour voir de jolis oiseaux, je préfère attendre : un jour, je prendrai l'avion et j'irai très .... les voir, sur leur ile.

Note .... / 10

2 L'adjectif

Mets au féminin, comme dans l'exemple :
un ciel bleu → une couleur bleue.
Compte 2 points par bonne réponse.

- un grand jardin → une .... maison
- un petit frère → une .... sœur
- un gros chien → une .... poule
- un bon gâteau → une .... tartine
- un méchant lion → une .... lionne

Note .... / 10

3 Dictée préparée

Mets les verbes entre parenthèses au présent.
Demande ensuite à quelqu'un de te dicter les phrases.
Compte 2 points par bonne réponse.

- L'enfant (*habiter*) .... dans une grande maison.
- Nous (*être*) .... tous ensemble.
- Les oiseaux (*boire*) .... dans la mare.
- Vous (*sortir*) .... malgré le froid.
- Elle (*sourire*) .... souvent.

Note (préparation) .... / 10
Note (dictée) .... / 10

4 Dictée non préparée

Le présent de l'indicatif

Où vont-ils ?

Où va le Soleil la nuit ? Est-il derrière la Terre ou très loin, dans l'univers ?
La Lune monte dans le ciel, mais, au petit matin, où va-t-elle ? Elle s'efface. Elle n'est plus là. Pourquoi ? Je ne sais pas !

On écrit Lune, Terre et Soleil avec une majuscule lorsqu'il s'agit du satellite, de la planète et de l'astre (On a marché sur la Lune), mais on les écrit en minuscules dans les autres cas (Voici un clair de lune).

5 Dictée non préparée

L'imparfait de l'indicatif

L'arc-en-ciel

Dans le ciel, il y avait un arc-en-ciel. Il était bleu, rouge, vert, orangé, violet... Il formait un grand rond sur la mer. Il était magnifique ! Mais après une minute, deux peut-être, il n'y avait plus rien. La pluie tombait de nouveau !

Corrigés p. 5

Le rossignol

L'empereur de Chine habitait un palais de porcelaine qui s'élevait dans un parc aux arbres magnifiques. Dans l'un d'eux nichait un rossignol au chant merveilleux. « Faites amener ce rossignol dès ce soir », dit l'empereur. Toute la cour se mit à le chercher. On le chercha longtemps, sans le voir. On désespérait même de le trouver. Enfin, une petite laveuse de vaisselle assura qu'elle savait où il nichait. « Conduis-nous jusqu'à lui, dit le chambellan ; je te donnerai une très belle récompense. »

Toute la cour suivit la petite laveuse de vaisselle à travers le parc.
Juste à ce moment-là, des notes exquises se firent entendre : « Le voilà, le voilà ! s'écria la petite fille…

– Non, ce n'est pas possible ! Le rossignol serait ce petit oiseau grisâtre et sans éclat ? Je croyais voir un animal paré des plumes les plus vives et les plus éclatantes.

– Il est ainsi, dit l'enfant.
Cher petit rossignol, continua-t-elle, l'empereur désire te voir et t'entendre.

– Ma voix, hélas ! répondit le rossignol, n'est pas faite pour vos salons. Je ne me sens à mon aise que par les douces nuits d'été, dans ces forêts dont les branches vertes m'abritent. Mais, puisque l'empereur désire m'entendre, j'irai ce soir chanter, pour lui, dans son palais. »

Le rossignol devint vite le grand favori de l'empereur. On ne parlait que de sa voix merveilleuse. L'empereur lui avait fait construire une cage avec les matériaux les plus précieux.

Or, à quelque temps de là, on vint apporter à l'empereur de Chine un grand paquet, très bien fermé, venant de l'empereur du Japon.

Quand il défit le paquet, il eut la surprise d'y trouver un petit rossignol mécanique admirablement imité, et dont le plumage, terne comme celui d'un vrai rossignol, était orné de diamants et de pierres précieuses. Au cou, il portait un charmant collier d'or avec ces mots : « J'appartiens à l'empereur du Japon, mais je ne suis rien auprès du rossignol de l'empereur de Chine. »

Chacun accourut pour entendre et voir cette merveille… On en vint même à prier le vrai rossignol de se taire.

Mais un jour, le rossignol mécanique se cassa. L'empereur devint très triste, puis tomba gravement malade. Tout le monde le quitta…

Or, voilà qu'un soir, alors que, perdant tout espoir, l'empereur se laissait aller vers la mort, une petite boule grise entra dans un rayon de lune, par la fenêtre ouverte.

Dans la salle silencieuse, un chant magnifique s'éleva : c'était le vrai rossignol, le petit ami d'autrefois. Il avait entendu parler de la maladie de l'empereur et il venait le voir pour tâcher de le consoler, de le soutenir, de lui redonner l'espoir.

À ce chant mélodieux, le vieil empereur ouvrit les yeux. Il se sentit moins seul. Il reprit gout à la vie. « Je ne veux pas mourir », se dit-il, et le miracle se produisit. Au matin, grâce à la présence de son petit ami, il allait déjà mieux et bientôt, à l'étonnement de tous, il se leva, guéri.

D'après **Hans Christian Andersen**, *Contes*.

DICTÉE 13

Préparation à la dictée

JE COMPRENDS

▸ Le passé composé du verbe avoir J'ai eu un cadeau.

AVOIR	
j'**ai eu**	nous **avons eu**
tu **as eu**	vous **avez eu**
il (elle) **a eu**	ils (elles) **ont eu**

Recopie cette conjugaison plusieurs fois.

▸ m devant m, b et p (1)

Devant les lettres **m**, **b** et **p**, il faut généralement mettre un **m** à la place du **n**.

un ti**m**bre – une cha**m**bre – un po**m**pier – e**m**porter – i**m**mangeable...

sauf dans un bo**n**bon – une bo**n**bonne...

CONSEILS PARENTS

Au passé composé, on conjugue l'auxiliaire (ici avoir) au présent et on le fait suivre du participe passé du verbe.

1 Le passé composé.
Complète ces phrases avec le verbe avoir au passé composé.

- Hier j'...................... chaud !
- À ce moment-là, elles .... vraiment peur.
- Dimanche, nous .... des invités.
- Vous .... de beaux cadeaux.
- Tu .... un vélo pour ton anniversaire.

2 m devant m, b et p.
Complète ces mots en ajoutant m ou n.

● une fria.......dise ● co.......tent ● e.......porter ● la ca.......pagne ● l'o.......bre
● i........mangeable ● e........prunter ● le sa........glier ● e........se........ble

Facile ! Il n'y a pas d'exceptions dans les mots de cet exercice.

3 Les mots difficiles.
Complète avec les verbes suivants :
a dessiné – ai été – ai – eu – ai emporté.

Pour aller dans la forêt, j'.................................... ma potion magique. Aussi, je n'........... pas .... peur lorsque le premier sanglier est passé près de moi. J'.................. très rapide : je l'ai attrapé et rapporté à la maison. C'était si extraordinaire que mon oncle, qui est artiste, ... mon histoire ; il l'a appelée : « Tableau de chasse ».

DICTÉE PRÉPARÉE Les stylos

Pour ma fête, j'ai eu des stylos de toutes les couleurs. J'ai emporté ma boite à l'école. Mais, pendant la récréation, avec mes stylos, un camarade jaloux a eu la mauvaise idée de dessiner ma tête sur les murs de la classe. Je n'ai pas été content !

CONSEILS PARENTS

*• Avant de dicter, lisez le texte à haute voix en vous arrêtant sur les mots au pluriel : **toutes les couleurs**, **mes stylos**, **les murs**. Attention : **emporté** s'écrit avec **-é**, c'est du passé composé mais **dessiner** se termine par **-er**, car c'est l'infinitif du verbe.*

• boîte → boite.

4 **Le passé composé du verbe avoir.**
Observe bien la terminaison des verbes et relie les parties de phrases.

J'	•	•	as eu ton cadeau ?
Tu	•	•	a été gentille.
Elle	•	•	ai chanté.
Ils	•	•	avons eu deux desserts.
Vous	•	•	ont eu la rougeole.
Nous	•	•	avez eu une bonne note.

Commence par le pronom **J'**, à gauche, en lisant tous les choix possibles à droite. Trace ensuite un trait au crayon lorsque tu auras trouvé la bonne réponse.

5 **m devant m, b et p. Cherche dans la page précédente les mots avec m devant m, b ou p et recopie-les.**

....

....

....

Et maintenant, fais-toi dicter le texte ci-dessous.

DICTÉE NON PRÉPARÉE Une carte postale

À peine arrivée en vacances, Martine envoie une carte postale à Lili, sa meilleure amie.

Chère Lili,
Nous avons fait bon voyage, même si le train a eu beaucoup de retard.
Nous avons joué, nous avons lu. Nous avons surtout mangé beaucoup de bonbons !
Je t'embrasse.

Martine

Corrigés p. 6

DICTÉE

14 Préparation à la dictée

JE COMPRENDS

- **Le passé composé du verbe être** Nous avons été contents.

ÊTRE	
j'**ai été**	nous **avons été**
tu **as été**	vous **avez été**
il (elle) **a été**	ils (elles) **ont été**

Recopie cette conjugaison plusieurs fois.

- **Les mots en -ier**

Les mots masculins se terminant en **-ier** ont en général un féminin en **-ière**.

dern**ier**/dern**ière** – prem**ier**/prem**ière** – ferm**ier**/ferm**ière**

CONSEILS PARENTS

Faites d'abord réciter à votre enfant avoir *au présent à toutes les personnes. Faites-lui ensuite ajouter* été, *le participe passé du verbe* être.

1 Le passé composé du verbe être.
Complète ces phrases en utilisant le verbe être au passé composé.

- Rémi .... gâté.
- J'.................................. surprise.
- Nous .... stupides !
- Vous .... vraiment gentils.

2 Les mots en -ier.
Écris la fin de ces mots.

- l'été dern........
- un pomp.........
- le prem............
- un pomm.........
- un mét...........
- le sorc............
- un pan............
- un ceris..........

3 Les mots difficiles.
Complète avec les verbes suivants : ai regardé – as vu – est venu – ai joué – est allé.

– Comme mon chat avait faim, raconte Jonathan, il .... miauler près de moi. Mais je n'avais pas le temps de lui donner à manger. Alors il .... tout seul dans la cuisine. J'........................ encore un moment avec mes jouets et puis, enfin, j' .... ce qu'il faisait.

– Qu'est-ce que tu .... ? demande Rémi.

– Plus rien sur la table ! répond Jonathan. Mon chat avait entièrement mangé le poisson que maman avait préparé pour le repas de midi !

Lis d'abord toute la phrase avant de choisir le mot qui la complétera.

DICTÉE PRÉPARÉE À Paris

Rémi, qui habite à la campagne, raconte à son ami son séjour à Paris.
Il a visité un zoo, mais il ne sait plus si c'est le Jardin d'Acclimatation ou le Jardin des Plantes.

L'été dernier, Rémi est venu à Paris. Il a été très content de visiter un parc avec plein d'animaux.
– Tu as vu des chevaux, des cochons, des moutons ?
– Mais non ! J'ai vu des tigres, des lions. J'ai même joué avec un vieux singe !

CONSEILS PARENTS

Avant de dicter le texte à votre enfant, lisez-le à haute voix en vous arrêtant sur les mots au pluriel : animaux, chevaux, cochons, moutons, tigres...
Expliquez la ponctuation : le tiret *indique que quelqu'un va parler, le* point d'exclamation *marque la surprise, l'étonnement.*
Insistez aussi sur les majuscules en début de phrases et aux noms propres : Rémi, Paris.

4 **Le passé composé du verbe être.**
Transforme cette phrase en utilisant les sujets indiqués.
Il a été très content.

- Nous ....
- Elles ....
- Vous ....
- Tu ....
- J' ....

5 **Les mots en -ier.**
Mets ces phrases au féminin.

- l'été dernier → l'année ....
- Il est le premier. → Elle est la ....
- Le fermier arrive. → La ....
- Le charcutier est gentil. → La ....

Au féminin, n'oublie pas **l'accent grave** sur la lettre **e** : caiss**ier** / caiss**ière**.

Et maintenant, fais-toi dicter le texte ci-dessous.

DICTÉE NON PRÉPARÉE Au zoo

Hier, nous avons passé toute la journée au zoo avec mes cousins. J'ai été heureux de voir les singes, les tigres et beaucoup d'autres animaux. À la fin de cette intéressante promenade, nous avons bu du jus d'ananas dans un café. Nous avons tous été très contents.

Tu as remarqué ? Ce texte est un récit : il raconte ce qui s'est passé **hier**. Il emploie donc le **passé composé**.

Corrigés p. 6

15 Préparation à la dictée

JE COMPRENDS

Le passé composé employé avec avoir Il a mangé une poire.

MANGER	
j'**ai** mang**é**	nous **avons** mang**é**
tu **as** mang**é**	vous **avez** mang**é**
il (elle) **a** mang**é**	ils (elles) **ont** mang**é**

Recopie cette conjugaison plusieurs fois.

m devant m, b et p (2)
En général, devant **m**, **b** et **p**, on écrit un **m** à la place du **n**,

e**m**mêler – une ja**m**be...

sauf dans un bo**n**bon – une bo**n**bonne...

CONSEILS PARENTS
Au passé composé, on conjugue, ici, l'auxiliaire avoir *au présent et on le fait suivre du* participe passé *du verbe.*

1 Le passé composé.
Mets les verbes entre parenthèses au passé composé.

- Nous (*fabriquer*) .... un immense cerf-volant.
- Ils (*apporter*) .... du jus d'orange.
- Vous (*inviter*) .... tous vos amis !
- Tu (*jouer*) .... tout l'après-midi avec tes voisins.

Pour t'aider, imagine que chaque phrase commence par : **Hier...**

2 m devant m, b et p.
Complète ces mots en ajoutant n ou m.

- une ja.......be • de l'e.......cre • un bo.......bon • un ge.......darme
- une a.......poule • e.......mêler • co.......pre.......dre

3 Les mots difficiles.
Complète avec les verbes suivants : avons mangé – avons apporté – avons invité – avons fabriqué.

Nous .... des amis à passer un dimanche avec nous.

Ensemble, nous .... des avions et des cerfs-volants.

Pour notre pique-nique, nous .... dans un grand panier des sandwiches et du jus de pomme. Nous .... assis à l'ombre d'un chêne.

Lis d'abord toute la phrase avant d'écrire.

DICTÉE PRÉPARÉE **La cabane**

Mon frère et moi, nous avons fabriqué une cabane dans le bois, avec un toit, une porte et même une fenêtre. Nous avons apporté de la limonade, des pommes, des oranges, des bonbons et une tarte, puis nous avons invité nos camarades pour une petite fête.

CONSEILS PARENTS
Avant de dicter le texte à votre enfant, lisez-le à haute voix en vous arrêtant en particulier sur les mots au pluriel : ***des pommes, des oranges, nos camarades****… Demandez-lui comment s'écrit* ***bonbon*** *(exception à la règle du* ***m*** *devant* ***m****,* ***b*** *et* ***p****).*

4 Le passé composé.
Complète les phrases avec les verbes suivants :
fabriqué – mangé – traversé – cherché – trouvé – calculé.

- Ce matin, j'ai .... mon stylo mais je ne l'ai pas ....
- Pour ma fête, nous avons .... un délicieux gâteau.
- Hier, j'ai .... la rue toute seule. • J'ai .... quel âge j'aurai en 2025. • Nous avons .... une cabane.

Lis d'abord toute la phrase avant de choisir le mot qui la complétera.

5 m devant m, b et p.
Souligne en rouge les mots où il y a m devant m, b et p, et en bleu les autres.
dimanche – chambre – chanter – ensemble – compter – emmener – tomber – orange

6 Les voyelles.
Complète les phrases suivantes avec la voyelle manquante.

- Nous avons n.......gé toute la journée dans la piscine. • Cet été, ma sœur et moi, nous irons en c.......lonie de vacances. • Pour aller à l'école, je prends le b.......s.
- Les écureuils aiment beaucoup les no.......settes.

Et maintenant, fais-toi dicter le texte ci-dessous.

DICTÉE NON PRÉPARÉE **Cendrillon**

Quand elle a entendu les douze coups de minuit, Cendrillon a quitté le bal en courant et elle a perdu un soulier. Elle a sauté dans son carrosse. Le lendemain, le prince a cherché Cendrillon. Il lui a rapporté son soulier. Plus tard, elle a épousé le prince.

D'après **Charles Perrault**, *Contes*.

CONSEILS PARENTS
Ce petit texte, ***Cendrillon****, raconte une histoire : laquelle ? Demandez à votre enfant de la résumer en utilisant le* ***passé composé****.*

Corrigés p. 6

DICTÉE 16

Préparation à la dictée

JE COMPRENDS

▸ **Le passé composé employé avec être** Elle est restée là.

RESTER	
je **suis** rest**é(e)**	nous **sommes** rest**é(e)s**
tu **es** rest**é(e)**	vous **êtes** rest**é(e)(s)**
il (elle) **est** rest**é(e)**	ils (elles) **sont** rest**é(e)s**

Recopie cette conjugaison plusieurs fois.

Pour savoir comment accorder **rester**, il faut poser la question : **Qui est-ce qui est resté ?** Si la réponse est **il**, on écrit **resté**. Si la réponse est **elle**, on écrit **restée**.

▸ **son ou sont**

Il faut distinguer **son** (qui peut être remplacé par **le sien**) et **sont** (qui peut être remplacé par **étaient**).

C'est **son** tour (**le sien**). Ils **sont** venus (ils **étaient** venus).

CONSEILS PARENTS

Faites remarquer qu'ici, on conjugue être *au présent (je suis, tu es...) et qu'on le fait suivre du participe passé du verbe.*

1 Le passé composé.
Réécris la phrase en commençant par le mot indiqué entre parenthèses.

- Elle y est allée. (Il) → ....
- Ils sont repartis. (Il) → ....
- Elles sont arrivées. (Il) → ....
- On est resté. (Il) → ....
- Ils ont été contents. (Il) → ....
- On s'est amusé. (Il) → ....

2 son ou sont ?
Complète les phrases avec son ou sont.

C'est .... ami. Ils .... tous les deux dans la même classe. Ils .... venus ensemble à l'école. .... frère et sa sœur, eux, ... déjà au collège.

N'oublie pas, **sont** (s/o/n/t) peut se remplacer par **étaient**.

3 Les mots difficiles.
Utilise les mots ci-dessous pour compléter le texte.
attendait – Enfin – cinq – chez – après-midi – Là

.........................., elle était rentrée .... elle.
.........................., son chien l'.......................... et il était content de la revoir. Comme chaque ...., elle jouait avec lui, mais hélas ! Il était bientôt .... heures. Maintenant, elle devait faire ses devoirs.

Lis la phrase entière avant de choisir le mot qui la complétera. Les mots avec majuscules sont au début des phrases.

DICTÉE PRÉPARÉE Un samedi après-midi

Samedi dernier, Rémi est allé chez son ami Henri, mais il n'était pas là. Alors il est resté devant la maison pour l'attendre. Enfin, son ami est arrivé. Rémi s'est bien amusé, puis, à cinq heures, il est reparti chez lui, content.

CONSEILS PARENTS
Lisez une première fois le texte à haute voix en demandant à votre enfant de repérer les verbes. Demandez-lui par quelle lettre chacun d'eux se termine.

4 **Le passé composé. Cherche tous les verbes de la dictée qui sont au passé composé et recopie-les, comme dans l'exemple :**
Il est resté : verbe rester.

....

....

....

....

Il te reste 4 verbes à trouver.

5 **La lettre manquante.**
Ajoute la lettre qui manque pour compléter chacun des mots.

- la dicté.... • l'aprè....-midi • at....endre
- dernie.... • la chèv....e • une idé....
- la perdri.... • alor.... • le mait....e
- la cha....se • conte....t • la ma....son

Et maintenant, fais-toi dicter le texte ci-dessous.

DICTÉE NON PRÉPARÉE Le Chat botté

Les fils aînés du meunier ont eu la maison et la chèvre. Le plus jeune, lui, n'a eu qu'un chat : il n'a pas été content. Mais le chat a eu une idée. Il a demandé des bottes et un sac. Il est parti à la chasse ; puis il est allé voir le roi et lui a donné huit perdrix de la part de son maître. Alors, pour le remercier, le roi a invité le chat et son maître dans son château.

D'après **Charles Perrault**, *Contes*.

Dans cette dictée non préparée, il y a des verbes au passé composé. N'oublie pas que le participe passé des verbes en **-er** se termine par **-é** : **demandé**, **donné**.

CONSEILS PARENTS
- *aînés → ainés.*
- *maître → maitre.*

Corrigés p. 6-7

Bilan

1 Le sujet

Complète en ajoutant un sujet je, tu, il ou nous, vous, ils.

Compte 1 point par bonne réponse.

- .... as vu un lion.
- .... est venu.
- .... sommes revenus.
- .... suis restée.
- .... ai eu peur.
- .... êtes partis.

Note .... / 10

2 m devant m, b et p

Complète les mots en ajoutant m ou n.

Compte 1 point par bonne réponse.

- i.......mangeable
- un bo.......bon
- un bo.......homme
- e.......mener
- une ro.......de
- une cha.......bre
- un co.......partiment
- un serpe.......t
- un po.......pier
- la ca.......pagne

Note .... / 10

3 Le passé composé

Mets les verbes entre parenthèses au passé composé.

Compte 2 points par bonne réponse.

- L'élève (*avoir*) .... une bonne note.
- Elles (*être*) .... très malades.
- Ils (*manger*) .... tous les biscuits.
- Il (*rester*) .... debout toute la journée !
- Tu (*demander*) .... à quelqu'un de t'aider.

Note .... / 10

4 Dictée préparée

Complète ces phrases avec les mots suivants :
pendant – près – beaucoup – et puis – à.
Demande ensuite à quelqu'un de te dicter le texte.
Compte 2 points par bonne réponse.

- Il habite .... de chez moi.
- Je n'ai pas .... de temps.
- Elle joue .... la récréation.
- Elle regarde la télévision .... elle termine ses devoirs.
- Vous irez .... la gare ?

Note (préparation) ..../ 10

Note (dictée) ..../ 10

5 Dictée non préparée

Le passé composé

Les fêtes

On a acheté un sapin. On l'a mis dans le salon. On l'a décoré avec du gui, des guirlandes électriques et des bougies. A minuit, maman a apporté un gros gâteau en disant :
– J'ai vu des cadeaux sous le sapin !

Note ..../ 10

6 Dictée non préparée

Le passé composé

Les crêpes

Quand il est rentré, Rémi a eu une surprise. Mère Barberin lui a expliqué :
– J'ai demandé une tasse de lait à une voisine, un morceau de beurre à une autre et j'ai ajouté de la farine... Nous sommes pauvres, mais c'est mardi gras !
Rémi a sauté de joie.

D'après **Hector Malot.**

Note ..../ 10

Corrigés p. 7

Plus d'exercices et de conseils sur **www.hatier-entrainement.com**

LECTURE 4

Un bon à rien

Il était une fois un enfant d'environ quatorze ans, qui vivait en Suède. On disait qu'il n'était pas bon à grand-chose.

Un dimanche matin, les parents de Nils s'apprêtaient à aller à l'office religieux. L'enfant dit qu'il n'irait pas avec eux. [...]

« Je vais pouvoir, songeait-il, décrocher le fusil de père, et tirer deux ou trois cartouches sans que personne ne s'en aperçoive. »

On eût dit que le père devinait ses projets ; au moment de partir, il s'arrêta sur le seuil et dit :

– Puisque tu ne veux pas nous accompagner au temple, tu pourrais lire le sermon à la maison. Me le promets-tu ?

– Oui, si vous voulez – il pensait bien ne lire que ce qui lui plairait. [...]

– Le sermon a quatorze pages et demie, ajouta la mère. Tu ferais bien de t'y mettre tout de suite si tu veux avoir fini à temps.

Ils partirent enfin. [...]

Après avoir longuement réfléchi, le gamin décida qu'il valait mieux, cette fois, obéir. Il s'installa dans le grand fauteuil et se mit à lire en marmonnant à voix basse. [...]

Le gamin lisait, s'assoupissait, sursautait et luttait contre le sommeil. « Je ne veux pas dormir, car alors je n'aurai pas fini à midi. » Mais, en dépit de cette résolution, il finit par céder au sommeil.

Avait-il dormi longtemps ou seulement quelques instants ? Il ne le savait, mais un léger bruit, derrière lui, l'éveilla.

Sur le rebord de la fenêtre, en face de lui, une petite glace reflétait presque toute la pièce. Comme il levait la tête, ses yeux rencontrèrent la glace, et il s'aperçut que le grand coffre de sa mère était ouvert.

En fait, un lutin était dans ce coffre... Soudain, Nils reçut une gifle formidable et s'évanouit... À son réveil, il découvrit qu'il était transformé en un être tout petit. Il sortit alors dans la cour de la ferme.

Les oies et les poules se tournèrent tout de suite vers Nils ; il y eut un gloussement et un caquètement formidables.

« Cocorico ! chanta le coq, c'est bien fait ! » « Cra, cra, cra, c'est bien fait ! » crièrent les poules, et elles continuèrent indéfiniment à répéter la même chose. [...] Le plus merveilleux, c'est que le gamin comprenait leur langage. Surpris, il demeura un moment à les écouter. « C'est parce que je suis changé en lutin que je connais le langage des oiseaux », pensa-t-il.

Or, il y avait un jeune jars à qui les appels des oies sauvages avaient donné une grande envie de partir. « S'il vient encore une bande, je l'accompagnerai », se dit-il.

Une nouvelle bande arriva, appelant comme les précédentes. Alors le jars répondit : « Attendez ! Attendez ! Je viens. » Il déploya ses ailes et s'éleva dans l'air, mais il avait si peu l'habitude de voler qu'il retomba à terre.

Les oies sauvages semblaient cependant avoir entendu son cri. Elles revinrent lentement en arrière pour voir s'il allait les rejoindre. « Attendez ! Attendez ! » criait-il, en faisant un nouvel effort.

Du mur où il s'était caché le gamin entendait tout. « Quel dommage si le grand jars allait s'envoler ! Père et mère en auraient du chagrin s'il était parti lorsqu'ils reviendront du temple. »

Il en oublia qu'il était petit et sans force. Il sauta au milieu des oies, et jeta ses bras autour du cou du jars. « Tu resteras ici, tu entends ! » cria-t-il.

Mais juste à ce moment, le jars avait enfin compris ce qu'il fallait faire pour s'élever du sol. Il ne put s'arrêter pour secouer le gamin, et celui-ci fut emporté dans l'air.

C'est ainsi que commencèrent les grands voyages de Nils Holgersson.

D'après **Selma Lagerlöf**, *Nils Holgersson*, Éd. Académiques Perrin.

DICTÉE

17 Préparation à la dictée

JE COMPRENDS

Le futur des verbes être et avoir Bientôt, je serai grande.

ÊTRE		AVOIR	
je se**rai**	nous se**rons**	j'au**rai**	nous au**rons**
tu se**ras**	vous se**rez**	tu au**ras**	vous au**rez**
il (elle) se**ra**	ils (elles) se**ront**	il (elle) au**ra**	ils (elles) au**ront**

Recopie ces conjugaisons plusieurs fois.

Le son « ill »

Le son **« ill »** s'écrit le plus souvent **-ill(e)**.

un pap**ill**on – gent**ille** – une f**ille** – elle br**ille**...

Attention ! une fi**l**e (un seul l) – une fi**ll**e (deux l)

CONSEILS PARENTS

Donnez des exemples à votre enfant en commençant vos phrases par : Demain / Bientôt / L'année prochaine, je serai..., j'aurai...

1 Le futur.

Écris ces phrases au futur en utilisant le verbe être ou le verbe avoir.

- Plus tard, quand je .... grand, je .... pompier.
- Nous .... du chocolat.
- Ils .... un gouter.
- Vous .... bien placés.
- ....-vous le temps ?

2 Le son « ill ». Complète ces mots en utilisant -ill.

- une b........... • une fam........... • une f........... • Ils br...........ent.
- un pap...........on • un s...........on • Elle est gent........... .
- une chen........... • une chev........... • de la van...........

Attention, il faut parfois que tu ajoutes la lettre **e** après **-ill** : vani**lle**, qu**ille**.

3 Les mots difficiles.

Complète avec les verbes suivants : serai – aura – lira – écrira – auront.

C'est bientôt Noël. Les enfants sont contents. Pendant quelques jours, ils n'iront pas en classe : ils .... des vacances. Moi aussi, bien sûr, je .... en vacances. Pour tout le monde, il y aura des cadeaux. Mon frère .... des livres et il .... tous les soirs, avant de s'endormir. Maman recevra un stylo en or et c'est elle qui .... au père Noël, pour le remercier.

DICTÉE PRÉPARÉE Mon école

Marie parle avec sa meilleure amie. Elle lui raconte ce qu'elle fera, plus tard, quand elle aura un métier.

— Quand je serai grande, je serai maitresse d'école. Je serai gentille avec tous les enfants. J'aurai des élèves agréables et nous serons bien ensemble. Tout le monde, dans la classe, lira, écrira et calculera très bien. Chaque semaine, nous aurons l'occasion de faire une fête et chacun aura un cadeau.

CONSEILS PARENTS

• Avant de faire la dictée, lisez le texte à haute voix en vous arrêtant pour demander à votre enfant comment il écrit : je serai, j'aurai ou gentille, tous les enfants.
• maîtresse → maitresse.

4 **Le futur du verbe être. Transforme cette phrase en utilisant chaque fois le pronom indiqué, comme dans l'exemple :**
Quand je serai grande, je serai maitresse d'école.

- Quand tu ....
- Quand nous ....
- Quand elles ....
- Quand vous ....
- Quand elle ....

Regarde le tableau de conjugaison de l'encadré leçon pour vérifier la terminaison du verbe **être** au futur.

5 **Le son « ill ».**
Complète ces mots en utilisant -ill.

- de la van............ • Elle s'appelle Cam............ . • de la camom............
- une qu............ • Cela fourm............ . • une chen............
- Le soleil br............ avec éclat, aujourd'hui. • Ma tante a eu son bébé : c'est une f............ .

Et maintenant, fais-toi dicter le texte ci-dessous.

DICTÉE NON PRÉPARÉE Le Petit Poucet

– Bientôt nous n'aurons plus rien à manger, dit le père. Demain, j'irai perdre nos sept enfants dans la forêt. Mais le plus petit a tout entendu. Il sèmera des petits cailloux blancs tout au long du chemin. Pour revenir, ils n'auront qu'à les suivre. Comme leur mère sera heureuse de les revoir !

D'après **Charles Perrault**, *Contes*.

CONSEILS PARENTS

Après la dictée, demandez à votre enfant de vous raconter l'histoire du Petit Poucet en employant le passé composé.

Corrigés p. 7

Préparation à la dictée

JE COMPRENDS

Le présent de l'indicatif et le futur des verbes prendre et faire

Demain, je prendrai mon sac.

PRENDRE		FAIRE	
Présent	**Futur**	**Présent**	**Futur**
je pren**ds**	je prend**rai**	je fai**s**	je fe**rai**
tu pren**ds**	tu prend**ras**	tu fai**s**	tu fe**ras**
il (elle) pren**d**	il (elle) prend**ra**	il (elle) fai**t**	il (elle) fe**ra**
nous pren**ons**	nous prend**rons**	nous fais**ons**	nous fe**rons**
vous pren**ez**	vous prend**rez**	vous fait**es**	vous fe**rez**
ils (elles) prenn**ent**	ils (elles) prend**ront**	ils (elles) f**ont**	ils (elles) fe**ront**

Recopie ces conjugaisons plusieurs fois.

Les sons « aill » et « euill »

Les sons **« aill »** et **« euill »** s'obtiennent en écrivant **-ail(le)** ou **-euil(le)**.

masculin : le détail — féminin : la taille

masculin : le fauteuil — féminin : la feuille

CONSEILS PARENTS

*Ces deux verbes sont difficiles à écrire, surtout au présent. Insistez sur les terminaisons : ils pre**nn**ent avec 2 n, nous **fais**ons, vous **fait**es… Le radical du verbe faire change quand il est conjugué au futur.*

1 Le futur des verbes du 1er groupe. Complète ces phrases en écrivant les verbes entre parenthèses au futur.

- Cet hiver, il (*couper*) .... du bois.
- J'(*apporter*) .... quelque chose à manger.
- La poule (*s'occuper*) .... de ses poussins.

2 Les sons « aill » et « euill ». Complète ces mots avec -aill ou -euill.

- Des f............es blanches.
- Quelle belle méd............e !
- La maison en p............e a brulé !
- Je cueille du chèvref............e.

Prononce bien les mots à haute voix avant de choisir les lettres à écrire.

3 Les mots difficiles. Complète avec les mots suivants : nid – fond – oiseau – terre – eau.

Je suis allée au zoo et j'ai vu beaucoup d'animaux : des singes qui se roulaient dans la .... , un dauphin qui nageait dans l'...................... . J'ai vu aussi une cigogne, qui est un grand .... noir et blanc. Elle enfonçait son long bec jusqu'au .... de son .... et elle en sortait ses petits.

DICTÉE PRÉPARÉE Le nid

Antoine se promène dans la campagne avec son grand-père qui lui montre des oiseaux en train de préparer leur nid.

– L'oiseau fera son nid. Il apportera des feuilles sèches, un peu de terre, un peu d'eau. Enfin, il posera des plumes au fond du nid. Alors, sa compagne pondra des œufs et prendra du temps pour les couver. Ils auront bientôt des petits qui seront comme eux, gris, noirs et bleus.

CONSEILS PARENTS
Lisez le texte à haute voix et rappelez à votre enfant que la marque du pluriel (après les, des...) est le plus souvent la lettre s.

4 Le futur des verbes du 1er groupe.
Transforme ces phrases en utilisant les sujets indiqués.
Il apportera des feuilles et des fleurs.

- Ils ....
- Nous ....

Il se promènera dans la campagne.

- Je ....
- Tu ....
- Vous ....

Au futur, fais bien attention à la terminaison du verbe aux 1re et 3e personnes du pluriel : nous mangerons / ils mangeront. Ils se prononcent de la même façon mais ne s'écrivent pas de la même manière !

5 Les mots difficiles. Complète les phrases en choisissant parmi ces verbes : bavarder – fermer – habiller – finir – dire.

- Elle va .... sa poupée. • Dans la cour, avec ses amies, elle va .... • La porte, bien sûr, je vais la ....
- Cet exercice, nous allons le .... • Je ne sais pas si je vais te le ....

Et maintenant, fais-toi dicter le texte ci-dessous.

DICTÉE NON PRÉPARÉE À l'école

Je retournerai bientôt à l'école. Adieu l'hôpital ! Je retrouverai les livres et les cahiers, les questions et les contrôles ; mais je comprendrai aussi que j'aime bien ma classe et surtout mes camarades. Alors je les inviterai tous à la maison pour le gouter. Maman sera surement très contente.

CONSEILS PARENTS
- *goûter → gouter.*
- *sûrement → surement.*

Corrigés p. 7

DICTÉE

19 Préparation à la dictée

JE COMPRENDS

Le futur des verbes donner et fabriquer

Je te donnerai un gâteau.

DONNER	FABRIQUER
je donne**rai**	je fabrique**rai**
tu donne**ras**	tu fabrique**ras**
il (elle) donne**ra**	il (elle) fabrique**ra**
nous donne**rons**	nous fabrique**rons**
vous donne**rez**	vous fabrique**rez**
ils (elles) donne**ront**	ils (elles) fabrique**ront**

Recopie ces conjugaisons plusieurs fois.
À la fin de tous les verbes conjugués au futur, on entend :
-rai, **-ras**, **ra**, **rons**, **rez**, **ront**.

Les mots invariables

Il existe des mots **qui ne changent jamais d'orthographe**. Ils sont **invariables**.
Apprends ceux-ci : alors – mais – pour – dans – rien .

CONSEILS PARENTS

Votre enfant a appris à conjuguer plusieurs temps en CE1 : présent, futur, imparfait, passé composé... Il est prêt pour le CE2 !

1 Le futur.
Complète ces phrases en mettant les verbes au futur.

- J'(*avoir*) .... un trésor.
- Ce (*être*) .... très bien.
- Tu le lui (*donner*) ....
- Nous (*connaitre*) .... tes amis.
- Vous (*fabriquer*) .... un radeau.

Pour t'aider, imagine que chaque phrase commence par **Demain...**

2 Les mots invariables.
Complète avec ces mots : mais – pour – dans – rien.

- C'est .... le jardin qu'il se trouve.
- Tu ne veux .... de plus ?
- Je garde cette part de gâteau .... mon frère.
- Il fait beau, ... cela ne va pas durer.

3 Les mots difficiles.
Complète avec ces verbes : viens de – vais – viens d'.

Hier, j'étais à Londres. Je ....arriver à Paris. Mais demain, je .... repartir : je .... réserver deux places pour New York. Viendrez-vous avec moi en Amérique ?

DICTÉE PRÉPARÉE **Dans mon jardin**

Dans mon jardin
Je découvrirai
Un trésor,
Ce sera de l'or.
Je le cacherai
Où je me fabriquerai
Un palais de roi
Rien que pour moi.
Mais un ami bientôt j'aurai ;
Alors de l'or je lui donnerai,
Car un ami, c'est un trésor !

CONSEILS PARENTS
Le texte de cette dictée est un poème : attirez l'attention de votre enfant sur les ***rimes*** *(mêmes sons) à la fin de chaque ligne.*

4 **Le futur. Écris ces phrases au futur en utilisant les sujets indiqués.**
Je découvrirai un trésor.

- Nous ....
- Elles ....

Vous lui donnerez de l'or.

- Je ....

5 **Les mots invariables. Mets ces phrases au pluriel.**
Souligne les mots qui ne changent pas.

- Ce gâteau ne sera que pour moi.

Ces ....

- Mais le chat guette mon gâteau.

Mais les ....

Rappelle-toi : un mot **invariable** est un mot qui ne change **jamais** d'orthographe.

Et maintenant, fais-toi dicter le texte ci-dessous.

DICTÉE NON PRÉPARÉE **Une fée**

Plus tard, je serai une fée. J'aurai une baguette magique. Je me promènerai et, en passant, je changerai tout : les maisons seront des châteaux, les voitures seront des calèches avec des chevaux. Je ferai briller le soleil et, la nuit, j'ajouterai des étoiles dans le ciel.

Corrigés p. 8

Bilan

1 Le sujet du verbe

Écris, à gauche de chaque verbe, un sujet que tu choisiras parmi les mots suivants : je – j' – tu – il.

Compte 1 point par bonne réponse.

• .... regardera. • ....aurai. • .... liras. • .... écrira.

• .... aimeras. • .... serai. • .... vas l'apporter. • .... vas parler.

• .... vient de trouver. • .... l'ai vu.

Note .... / 10

2 Les mots difficiles

Complète avec les mots suivants :

canards – chapeau – des œufs – eux – palais.

Lis d'abord toute la phrase avant de choisir le mot.

Compte 2 points par bonne réponse.

Je me suis perdue dans le bois et j'ai rencontré une princesse qui m'a dit : « Viens avec moi dans mon .... Tu verras, dans la cour, de beaux .... J'ai des serviteurs qui, ..., ne s'occupent que de mon oie, car elle pond .... d'or. Chaque jour, on les retrouve dans de vieux chapeaux. Viens, suis-moi, et je te donnerai un .... plein d'œufs en or. »

Note .... / 10

3 Le futur

Mets les verbes entre parenthèses au futur.

Compte 2 points par bonne réponse.

• J'(*avoir*) .... de belles ailes quand je (*être*) .... un grand oiseau.

• Nous nous (*poser*) .... bientôt sur une terre lointaine, dit l'hirondelle.

• Il (*faire*) .... son nid avec des brindilles.

• Tu (*découvrir*) .... peut-être un trésor !

Note .... / 10

4 Dictée préparée

Complète ces phrases avec les mots suivants :
jamais – d'abord – Quand – Chaque – un peu.
Demande ensuite à quelqu'un de te les dicter.
Compte 2 points par bonne réponse.

- Vous prendrez bien .... de poisson ?
- .... feuille tombée à terre meurt.
- Je n'ai .... vu de papillon.
- .... ton cousin viendra-t-il ?
- Fais cela .... !

Note (préparation) .... / 10
Note (dictée) .... / 10

5 Dictée non préparée

Le futur de l'indicatif

Le gâteau

– Demain, on fera un gâteau pour l'anniversaire de ta petite sœur, a dit Maman. Il faudra de la farine, des œufs, du beurre. On le mettra au four une heure. Ensuite, quand il sera froid, on le décorera avec du chocolat. Enfin, dessus, on posera des bougies.
Demain, nous ferons la fête !

Note .... / 10

6 Dictée non préparée

Le son « ill »

Le pays magique

J'habite un pays magique. Dans les arbres, il y a des bonbons. Le long des routes, il y a des haies de biscuits. Les maisons sont en chocolat. Dans le château, au bout du chemin, il y a des montagnes de jouets. À l'arrivée des enfants, une princesse donne à chacun un cadeau. Ensuite, tout le monde va jouer dans le château enchanté.

Note .... / 10

Corrigés p. 8

Mémo Chouette

MOTS À RÉVISER
Ces mots feront l'objet de dictées de mots (5 à 10 mots à la fois)

- **Verbes*** (À la gauche d'un verbe conjugué, on peut écrire « je, tu, il... ».)

chercher – manger – crier – pleurer – chanter – rester – se promener – regarder – se noyer – se gonfler – aimer – inviter – s'habiller – expliquer – s'envoler – s'effacer – embrasser – dessiner – observer – s'occuper – ramener – aboyer – éclairer – sourire – habiter – trembler – répandre – se rendre – jouer – se cacher – s'abriter – s'arrêter – tricher – quitter – rapporter – épouser – apporter – briller

* Remarque : ici, les verbes sont à l'infinitif. Lorsqu'on entend « é » à la fin du mot, on écrit -er.

- **Noms** (Avant un nom, on peut écrire « le, la, les... ».)

un ours – la langue – un nom – la chance – le loup – le nez – la tortue – la maison – l'école – la sortie – la roue – la pluie – la botte – le chapeau – l'eau – le moineau – la comptine – le dauphin – la campagne – la noisette – le poirier – le fossé – le visage – les vacances – la plage – la vague – un anniversaire – un repas – un dessert – un éclair – une fraise – le sirop – le fruit – la framboise – un ananas – le masque – la sœur – un tas – le cadeau – le jouet – un habit – le manteau – la barrette – le cheveu – un été – le nuage – le soleil – le chocolat – une année – un âge – le musicien – la guitare – le tambour – un orgue – la sorcière – le balai – le ciel – l'arc-en-ciel – la lumière – le voyage – le retard – un(e) après-midi – le chou – le gouter – la faim – un ainé – la pelouse – une allée – la fille – le garçon – un château – un hiver – le père – la mère – le courage – le phare – la brousse – une herbe – un zoo – le frère – la sœur – le bonheur – la photo – le clown – la récréation – le tronc – le stylo – la couleur – la boite – la fête – une arrivée – le paysage – le bonbon – le temps – le jus – le singe – le bois – le toit – une orange – le carrosse – le soulier – une idée – un gâteau – le miel – le gui – la guirlande – la bougie – le morceau – le beurre – la joie – la maitresse – une occasion – la forêt – le caillou – un oiseau – un nid – la feuille – la campagne – un hôpital – le cahier – le contrôle – la fée – la baguette – la calèche

- **Adjectifs** (Ils peuvent avoir un masculin et un féminin, un singulier et un pluriel.)

grand – maigre – sûr – blanc – doux – gentil – content – rond – gris – beau – petit – froid – brillant – chaud – pauvre – gourmand – gros – haut – facile – vieux – jaloux – mauvais – intéressant – seul – agréable – sec – bleu

- **Mots invariables** (Ils s'écrivent toujours de la même manière.)

très – aussi – parfois – pourquoi – souvent – à travers – jusqu'à – chaque – auprès – alors – maintenant – avant – déjà – voilà – quoi – bien sûr – trop – chez – aujourd'hui – mais – derrière – vite – encore – beaucoup – ici – quand – à partir de – seulement – loin – dehors – là – soudain – enfin – mieux – plusieurs – parfois – surtout – dessus – heureusement – hier – tard – sous – chacun – bientôt – demain – surement